「売れない」を
「売れる」に変える

マーケティング女子

マケ女《ジョ》の発想法

金森努
Kanamori Tsutomu
竹林篤実
Takebayashi Atsumi

A Marketing Girl
sells products
without competition.

はじめに

「今度、社運を賭けた期待の新製品ができるから、売り方を考えるように」

技術志向の強い企業では、こうした業務命令が、マーケティング担当者や営業部にいきなり下りてくることがあります。現場で顧客と向き合っている人間にとっては、まさに青天の霹靂。いくらすごいアイデアやすばらしい技術を盛り込んだ商品だからと言われても、その技術を顧客が求めていなければ売れるはずがありません。


つい最近も、日本のある大手電機メーカーが「良い製品だから売れると思った」と競争力のないモノづくりに突っ走った挙句、苦境に陥りました。このメーカーを完全に抜き去った韓国の同業大手は「(良い製品が売れるのではなく)売れるのが良い製品なのだ」と主張しています。両社の違いがわかるでしょうか。売れる、つまり顧客が買う商品とは、どのようなものか。顧客にとっての価値と支払う対価のバランスについて、顧客が「価値＞対価」と納得する商品が売れるのです。価値を決めるのは売り手ではなく、買い手の顧客であることを忘れてビジネスは成り立ちません。

とはいえトップダウンの命令を断ることも、給料をもらう身ではできない相談です。

そこで右往左往しながら、やみくもに走りまわるのか。それとも、与えられた条件の中で、何とか活路を見出すのか。成否を左右する鍵はマーケティングにあります。

本書は、ある電機メーカーを舞台にした物語です。マーケティングのセオリーをすっ飛ばして開発された新製品を売れ、と突然降ってわいた業務命令に戸惑いながらも、マーケティング部、営業部、開発部の若手実務担当者たちが、新製品を「勝てる商品」として世に送り出すまでの過程を描きました。

ヒロインは通称『マケ女《ジョ》』、マーケティング・オタクの福島理子です。理知的で美人で仕事熱心、だけれどマーケティングを考え出すとまわりが目に入らなくなる勝気な女性です。マケ女の理子に絡むのが、秘かに理子のことを思う営業マン・菊池努、2人の同期で根っからの関西人である開発部の川越拓哉。他にもいろいろな人物が登場します。「あるある、こんな話」とか「そうそう、いるよなあ、こういうわからず屋」など、皆さんの会社にもきっといそうなキャラクターを思い浮かべながらお読みいただけると幸いです。

Contents

「売れない」を「売れる」に変える
マーケ女〈マーケティング女子〉の発想法

Part 4 ターゲットを絞れ 差別化を明確にするSTP

Part 5 一気にシェアを固めろ バリューラインで考える価格戦略

Part 6

店頭を取れ　絞り込んだ流通対策と店頭プロモーション

カバーデザイン　新田由起子（ムーブ）
本文デザイン・DTP　新田由起子・川野有佐（ムーブ）
イラスト　田中へこ

Part 1

降ってわいた業務命令

マーケティングは全体像を考えることから

AV系に強い電機メーカー大田電子《だいでん》では、新製品開発プロジェクトが進められていました。同社には小規模とはいえマーケティング部があります。そのマーケティング部を立ち上げたのは、現社長です。二代目社長として近代的なメーカー経営を志向する現社長は、大学で経営学を学び、大学院でMBAまで取得しました。だからマーケティングの重要性は、それなりに理解しているのです。

しかし、大田電子は腕利きの機械職人だった先代が立ち上げた骨の髄からメーカー気質の企業で、古株の経営陣もみんな揃って技術者上がりです。若社長がいくらマーケティングが大切だと力説しても「俺たちはこれまでずっと技術力一本で勝負してきたんだ。技術の裏付けがきっちりとある優れた製品なら、黙っていても売れる」と、経営陣にはなかなか話が通じません。やがて「朱に交われば赤くなる」のたとえ通り、いつしか社長もマーケティングの基本セオリーを忘れ、技術志向のモノづくりにはまるようになっていたのです。

たしかにAV関連製品で大田電子の技術力には見るべきものがありました。かつては数は少ないとはいえ、その技術力に惚れる熱狂的なファンもいたほどです。しかし、その技術力もレコードからCDへ、さらにはネット配信へと移っていった音源の変化によって一気に陳腐化してしまいました。音源がデジタル化し、AV関連製品にコモディティ（汎用品）化の波が押し寄せています。よほど飛び抜けた高価格製品ならまだしも、低価格の普及品レベルでは技術力の差に関心を持つユーザーなどほとんどいません。いまこそ求められるのはマーケティング、どんなユーザーに向けて、どのような価値を提供するのかを考えるべき時代なのです。

ところが、大田電子では開発陣がマーケティングスタッフを軽視する傾向があり、モノづくりが終わってから「これを売ってこい」と指示を出すことが日常茶飯事となっていました。今回開発された製品も、従来の流れ通り、ほぼ完成のめどが立ったところで販売促進策を考えるようマーケティング部に指示が下されたのです。

はじめにモノありき、技術志向の強いメーカーではよくあることですが、現場で対応を求められる人間は大変です。同期３人は、降ってわいた難題に頭を抱えることからスタートします。

Part 1 の登場人物

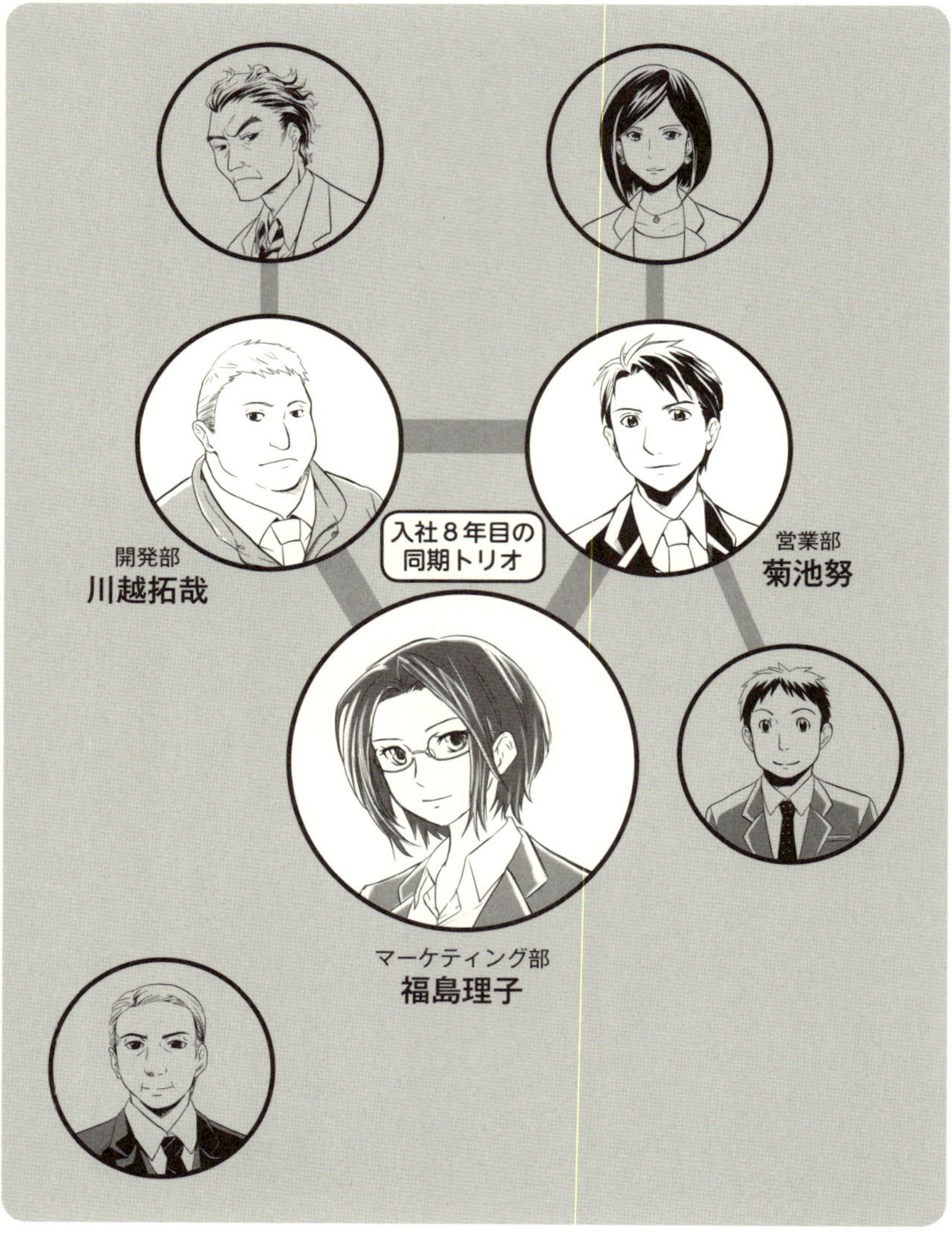

どう考えても売れそうにない新製品

出社した理子の机の上に業務指示書が1枚、表紙もなくむき出しのままで置かれていた。それを読んだ理子は、ただでさえ朝は低血圧でふらふらしている頭を、誰かに両手でつかんで揺すられたような気分になった。

「何なの、これ。ほんと、やってらんないわよ、まったく」

「おやおや、朝からひどくご機嫌ななめじゃないか。マケ女の理子先生におかれましては、何がご不満なのでしょうか」

茶目っ気たっぷりに声をかけてきたのは、隣の営業部にいる同期の菊池だ。

「これ見てよ。『新しい携帯音楽プレイヤーのマーケティングプラン検討指示書』だって。信じらんないよ」

理子は、1枚のA4用紙を菊池の目の前でひらひらと振ってみせた。

「それこそマケ女の仕事でしょうが。お仕事もらって、一体何が不満なんだい」

「あのね、マーケティングプランといってもね、もう製品スペックと価格は固まってるの、わかる？　しかも、うちの場合は流通ルートだって、ほぼ決まっててんじゃん。つまり、あたしに何をやれっていうわけ？」

「そこは理子先生お得意のプロモーションを考えろってことじゃないの。それこそ君の大好きな仕事じゃないか」

「何だか激しく誤解されてるみたいね。いい、そもそもマーケティングってのはね、4P❶、つまり製品（Product）、価格（Price）、販路・流通（Place）、プロモーション（Promotion）を決める前に、STP❷をしっかり固めておかなきゃ話になんないの。たしかにプロモーションを考えるのは好きだけど、プロモーションだけ考えてたってダメなのよ」

菊池が席を立って、理子の隣に座った。椅子を回して、理子を見る。ショートカットの髪が、わざとなのか寝癖なのかわからないようなはね方をしている。口は悪いけれど相変わらず美形だなと少し見とれて、同時に化粧っ気のない奴だと思った。針金のように細い金縁のメガネをかけた理子は、一応ブランド物らしきグレーのスーツに身を包んでいる。タイトスカートからきれいな脚が伸びていたが、とっても残念なことに、黒のストッキングの足首の後ろあたりに1円玉ぐらいの穴が開いていた。

「はいはい。セグメンテーション（Segmentation）にターゲティング（Targeting）、それからポジショニング（Positioning）だったっけ。お説ごもっともです」

「あんたさ、人の脚をちら見しながら適当なこと言わないでよね、何にもわかっちゃないくせに。この業務指示書にはＳＴＰのことは、ひと言も書いてないのよ。要は、こんなすごい製品ができたから、さあ、売ってこいってことじゃない。うちは、いつもこうなんだよね。いくら技術的に優れていたとしても、その技術を誰が評価してく

❶４Ｐ
エドモンド・ジェローム・マッカーシーが1960年に提唱した分類。製品・価格・販路・プロモーションの頭文字を取って４Ｐと呼ぶ。実務においては「４Ｐの最適な組み合わせ＝マーケティング・ミックス」が重要となる。

❷ＳＴＰ
現代マーケティングの大家フィリップ・コトラー（P19参照）が提唱した代表的なマーケティング手法。Segmentation、Targeting、Positioningの頭文字を取ってＳＴＰと呼ぶ。「自社が誰にとってどんな価値を提供すべきなのか」を規定する。

れるか考えていないのよ。お客の姿が見えていないのに、一体誰に向かって売ればいいわけ」

「だからさ、それ考えるのが理子さんの仕事でしょうが」


菊池は、理子に向き合うように座り直して言った。


「それではものの順番が逆なの。わかる？　今回うちは、携帯音楽プレイヤーの中でも、このマーケットを狙うんだ、とまず狙いどころを定めることからスタートしないとダメなの。特にうちのような零細規模のメーカーは、最初にマーケットを絞り込むことが、絶対に、ヒジョーに重要なの。**全方位戦略**[3]で**アップル**[4]やソニーみたいなデカいところとまともに戦ったって、勝てるわけないじゃない」

「そう言われると納得するしかないなあ。さすがマケ女、理屈じゃ勝てないや。じゃ聞くけど、理屈に従うならどうすればいいんだよ」

「マーケティングの教科書風に言うなら、まずマクロ分析から始めなきゃ」

「マクロ？　エクセルの何かだったっけ？」

「何言ってんのよ。外部環境を大きな視点から考えてみることでしょう。**PEST分**

析❺ぐらい、聞いたことあると思うけど」

「あぁ、思い出した。たとえば消費税が上がると決まったら駆け込み需要が増えるとか、円高になったら輸出で不利になるとか……」

「Political つまり政治的要因と Economical 経済的要因のことね。あと少子高齢化で人口が減るとか、ＳＮＳの普及で販促の手法が変わってきたりしているでしょう。これが Social 社会的要因と Technological 技術的要因ね」

マーケティングの話となると、流れるように言葉が溢れてくるのが理子の特徴だ。

「たしかに、そういう要素を抑えておくことは大事だな」

「もちろん競合の動きを抑えておくことは大前提だし、お客さんのニーズをつかんで

❸全方位戦略
最大の市場シェアを持つリーダーの戦略。特定のセグメントを狙うのではなく、マーケット全体をターゲットとしてシェアと利潤の最大化を図る。

❹アップル
1976年にスティーブ・ジョブズとスティーブ・ウォズニアックが米国で設立した企業。主力商品に、スマートフォンのiPhone、タブレット端末iPad、パーソナルコンピュータMacintosh(Mac)、携帯音楽プレイヤーiPodなどがある。

❺ＰＥＳＴ分析
マクロ環境分析のフレーム。P =Political（政治的影響要因）、E =Economical（経済的影響要因）、S =Social（社会的影響要因）、T =Technological（技術的影響要因）。自社と関わりの深い世の中の事象を上記の４つの切り口で把握し、各々がポジティブに働くのかネガティブに働くのかを考慮しつつ、大局的に把握する。

おくことも絶対に欠かせないわ」

「わかった！　それが**3C分析**❻だな」

「セオリー通りに進めるなら、まだあるわよ。**5F分析**❼で代替品や新規参入のリスクを考えておくことも必要だし、競合他社と**バリューチェーン**❽を比べてみて、うちの強み弱みをはっきりさせることも不可欠ね」

「結構、面倒だなあ」

「面倒とか、そういう次元の話じゃないの、マーケティングは。きちんとやるかどうかで、勝てる新製品を出せるかどうかが決まるんだから」

「じゃあ、5Fとバリューチェーン分析までやれば、OKなのかい？」

「ばかね、ここまでは事実の確認よ。事実を**SWOT分析**❾で、我が社にとっての追い風要因と逆風要因に分け、さらにうちの強み・弱みをしっかり考えることが戦略につながるんじゃないの」

「ふぇ〜、そいつは大変だ」

「そのためにマーケティング部があるのよ。社長は、そんなこと百も承知でマーケティング部を作ったはずなんだけどなぁ」

ため息をつきながら、理子はつぶやいた。

「で、理子は、その面倒くさいマーケティングをやりたくて、入社してきたんだよな」

「そうよ。マーケティングの醍醐味はね、SWOT分析までしっかりやって、STPを考えることなのよ」

「やっとSTPにたどり着いたか。で、どうすればいいんだよ」

「まずセグメンテーション、つまりマーケットを絞り込むということは、ニーズを絞り込むことなの。携帯音楽プレイヤーといっても、いろいろな使われ方をしているわよね。その中のどれかに絞り込むのよ。究極の理想はね、これまで誰も思いつかなかった使い方を提案して、みんなが『おっ！　それいいじゃん』となることね」

❻3C分析
ミクロ環境（競争環境）を分析するフレーム。Customer（市場の環境と顧客のニーズ）、Competitor（競合の動き）、Company（自社の活かすべき強みと克服すべき弱み）。

❼5F分析
自社を取りまく業界環境を分析するフレーム。業界内の競争、新規参入の脅威、代替品の脅威、売り手の交渉力、買い手の交渉力の「5つの力」分析（5 Forces analysis）。

❽バリューチェーン（VC）分析
コスト構造と強み・弱みを把握するフレーム。事業活動を機能別に分類し、どの部分でコストがかかっているかと共に付加価値が生み出されているかを洗い出す。

❾SWOT分析
市場機会と事業課題を導出するために、自社の外部環境と内部要因を整理するフレーム。外部環境＝Opportunities（機会）、Threats（脅威）、Strengths（強み）、Weaknesses（弱み）。

「それって、理子がよく言う何とかオーシャンのことかい？」

「**ブルー・オーシャン**[10]、いい加減にこれぐらい覚えてよね。とにかくニーズがくっきりと見えてくれば、そういう使い方をしたい人は誰かな、と絞り込めてくるわけでしょう」

「そうだった、それがターゲティングだ。そしてお次がポジショニングだね」

「ちゃんとわかってんのかなあ。ポジショニングこそが、マーケティングのキモなの。たとえば、いま携帯音楽プレイヤーといえば、価格と性能で競っているわよね。その性能といえば曲数だとか音質、軽さとか曲をどれだけ簡単に取り込めるか、みたいな話じゃない」

「そう言われると、どこも似たり寄ったりって感じがするなあ。俺はいちいちＣＤから取り込むのが面倒だから、アップルの**iPod shuffle**[11]を愛用しているけど……。おっと、これは内緒にしといてくれよ。うちの製品使ってないことがバレたら、怒られるもんなあ」

「だからさあ、そういうところで勝負したって勝てっこないわけ。なのに、見てよ、これ。たしかに機能はてんこ盛りね、すばらしいことです。でもね、どの機能をとっても、競合よりちょっと良いかなぐらいのレベルでしかないわ。こんなのじゃ、今度のうちの製品は『ここが違うんです、すごいんです』なんて到底言えないわね」

理子は指示書を菊池に渡した。菊池はひと通り目を通すと顔を上げた。理子の机の横の間仕切りには、どこで見つけてきたのか、妙な爺さんの写真が貼ってある。なんでも、**フィリップ・コトラー**⑫とかいうマーケティングの大家だそうだ。

「いや、これはたしかに、ちょっとまずいかもしれんな。営業に行っても、お店の人にセールスポイントを説明できないかも。となると、置いてもらう棚を確保できない。悪循環だな」

「当然、ワンノブゼムで埋もれるのは目に見えてるわ。コトラー先生ならきっと『こんなものが売れると思ってるのか』って一喝するわね」

⑩ブルー・オーシャン
W・チャン・キムとレネ・モボルニュが著した『ブルー・オーシャン戦略』に述べられている戦略論。競争の激しい既存市場を「レッド・オーシャン＝血で血を洗う激しい戦いの場」としているのに対し、競争相手のいない未開拓な市場を指している。ブルー・オーシャン戦略はその市場を切り拓くべきだとする論。

⑪ iPod shuffle（アイポッド・シャッフル）
2005年にアップルより発売された音楽プレイヤー。「すべて偶然に任せよう」というキャッチフレーズのもと、曲を選んで聞くのではなく、シャッフルして再生するというコンセプトを押し出している。

⑫フィリップ・コトラー
米国の経営学者。ノースウェスタン大学ケロッグスクール教授。現代マーケティングの第一人者。ＳＴＰ理論の他、４ＰにPeople（人）、Process（プロセス）、Physical evidence（物理的証拠）を加えた７Ｐ理論などが有名。

「俺たち営業部隊としても、ただちに、どれだけ値引きしてくれるのって流れに引きずり込まれて、ひたすら価格交渉するしかないなあ」

「絶対そうなるわよ。これがもしね、お客さんから指値されるんじゃなくて、こっちから『この機能で、この価格なんですよ。これは他社には真似できません』と言い切れたらすばらしいと思わない?」

「それは何より強力なセールストークになるよ。でも、今のままだとそうはならないってわけだな」


いつの間にか菊池も身を乗り出して、話に夢中になっている。営業の現場に立っている自分の姿を想像して初めて危機意識が芽生えたようだ。


「はい、残念でした。まだ最終決定してるわけではないようだから、価格調整の余地もあるみたいだけれど、だからといってびっくりするような価格にならないことは確かね。しかも、ここまでスペックを作り込んでいるとなれば、それなりに原価もかかっているはず。いまから競争力があるプライシングは難しいんじゃないかな」

「おいおい、その新製品は理子がプロモーションプランを考えたら、次は、そのプランで俺たち営業部隊が売りに行くわけだろう」

「当たり前じゃないの。それが菊池くんの仕事でしょ」

「うわぁ〜、今からブルーになってきたよ。お店の人の顔が目に浮かんでくるぞ。何とかなんないの」

「私だって何とかしたいよ。でもなあ……」

「そうだ！　川越に相談しようぜ。あいつは開発部だから、何とかしてくれるかもしれないぞ」

「川越ちゃんねえ、彼、性格的にはよくわかんないところがあるけど、言うことはたしかに筋は通ってるわね。きちっとしたことを主張する点は、上もかなり評価してるみたいだし……。そうね、彼を巻き込んで、何とか突破口を考えてみましょう」

「そうそう。その意気だよ。そうやって俺たち同期トリオは、これまでずっとこの会社で何とかやってきたんじゃないか」

「じゃ、さっそく、今日の午後にでも作戦会議をやりましょう。菊池くん、会議室、じゃなくて、近くのカラオケが会議用に部屋を貸してくれるでしょう。あそこ、予約入れといて」

「いつものミーティングルームだな、了解」

もう一度、新製品を考え直してみよう

オフィス近くの定食屋でランチを取った理子、菊池、川越の同期3人組は食事後、社に戻らず近くのカラオケに向かった。最近のカラオケは、昼間のアイドルタイムの稼働率を上げるため、いろいろな用途に対応しているのだ。大田電子には会議室が二つしかなく、たいていは予約でふさがっている。突発的なミーティングにカラオケが使えるのは、とてもありがたい話だ。何しろカラオケは防音体制が整っているから、話が外に漏れる心配がない。

大田電子のようなメーカーの場合、新製品に関するミーティングを社外で行なおうと思えば、以前ならたとえばホテルの会議室を借りるなど、情報漏えいに気を配る必要があった。だからホテルに比べてひとケタ安く使えるカラオケでの会議は、社内的にも認められていたのだ。

「予約をお願いしていた大田電子ですが」

フロントの女性に菊池が声をかけた。

「お待ちしていました。モニターケーブルはどうされますか」

「ちょっと待ってください。理子、モニターは使う？」

「あったほうが便利かもしれない」

「じゃ、ケーブルをお願いします」

「お時間はどうされますか」

「3時間ぐらいかな」

「かしこまりました」

受付が終わると部屋に案内された。会議に使うことを告げてあったので気を遣ってくれたのだろう、廊下の端部屋だ。隣のボックスは空いているので、部屋に入ってしまうと静かである。

「さてと。わしが呼ばれた理由を説明してもらおか。ご存じのように、新製品の開発が最終段階に差し掛かっていて開発部は忙しいんや。理子が同期のよしみでどうしてもって言うから、3時間だけつき合うことにしたんやからな」

川越が、身長180センチを超える巨体をソファに沈めながら、バリバリの関西弁で言った。上背もあるが、横幅もたっぷりある。季節は秋たけなわ、ひんやりと涼しい時期なのに、食事をかきこんだ後はたいてい汗をかいている。対照的に菊池はやさ男である。川越より5センチほど背が低く、横幅は7割ぐらいだろうか。サラサラの髪の色をほんの少しだけ抜いていた。


「その新製品のことよ、川越ちゃんに相談したいのは」

「そろそろ上からマーケティングプランを作れて指示が下りてきた頃やないのか」

「さすが川越ちゃん、よくわかるわね」

「何年、開発部にいると思てるねん。で相談ってなんや。わしに何かアイデアを出せとでも言うんかい。その前に、聞いてびっくりせんときや。今回の新製品、コードネーム『ピクシー』はすごいねんで」

「ピクシーか。コードネームは神秘的な感じがしていいな」

「菊池もそう思うか？　わしがつけたんや。ほんとに名前通り、魔法やで。あの小さなボディに、よ〜あれだけの機能を盛り込めたもんや」

「そんなにハイスペックなの？」

「ああ。理子先生もびっくりやで。まずサイズや。3センチ角で厚さ1センチ、これはiPod shuffleを意識した。しかもあっちがアルミニウムの削り出しなら、こっちは樹脂パーツを使いまくった」

「とっても軽いというわけね。でも耐久性はどうなの？」

「強化プラスチックを使っているからバッチリやでぇ。菊池がセールストークでしゃべるときには『めちゃくちゃ軽いけれど、しっかり丈夫で長持ち』ぐらいは胸はって言えるわ」


川越は製品の魅力を自慢げにまくしたてた。


「それはいいわね。でも、それだけ？」

「そんなわけあらへん。ポケットの中で使えることもセールスポイントや」

「どういうこと？」

「指で触るだけで、使いこなせるねん。ボタンの形と位置関係など操作性が考え尽くされてるからや。セールス的に表現したら『人間工学に基づいて考えられた快適な操作感』ってとこやな」

「そりゃすごいな」


菊池が身を乗り出して言った。


「ばかね。あんたが乗せられてどうすんのよ。他はどうなの？　まだ何かあるの？」

「おいおい、ちょっと待ってぇや。これ、わしの尋問会なんか」

「そうじゃないわよ。他は何があるか教えてよ。とりあえずひと通りのスペックを知りたいの」

「あとはカメラがついとる」

「ほんとか！　iPod shuffle と同じ大きさなのに？　それは本当にすごいな」

「そやから、すごい、言うとるやないか。まだあるでぇ。メモリーなんか iPod shuffle の8倍も積んでるんやからな。おまけに**ブルートゥース**[13]対応やから、ワイヤレスヘッドホンも使える」

「理子、ほんとにすごいみたいだぞ。これなら売れるんじゃないか」

「……」

「なんや、理子は気に入らんみたいやな。まだ、足らんのか。これ以上何がいるんや。内容によっては相談に乗ってもええで」

理子は深く考え込んでいた。つい、右手でメガネのフレームをずり上げる。集中している時の癖だ。

「川越ちゃんさ、ピクシーがすごいこと、機能満載なことはよくわかったよ。そこでちょっと質問したいんだけど、これは、どの店の、どの売り場に並ぶと思う？　売り場に置かれたピクシーの姿は想像できる？　菊池くんにも聞いてみたいんだけど、ピクシーが店頭に並んだ時、どんなPOP⑭がついてる？　ピクシーの隣に置かれる製

⑬ブルートゥース（Bluetooth）
デジタル機器の近距離無線規格。数メートル程度の距離にある情報機器同士で電波を用いて情報のやりとりを行なうために用いられる。ＰＣのマウス、キーボード、携帯電話、スマートフォン等に採用される。

⑭ＰＯＰ（ＰＯＰ広告）
Point of Purchase の頭文字を取って「ポップ」と呼ばれる。紙に品名や価格、キャッチコピー、説明文、イラストなどを描いて店頭の商品の側に置かれる販促物。

品は何？」

「ええか、理子。これは携帯音楽プレイヤーやで。そんなもん売り場は言うたら、iPodとかウォークマンのコーナーに決まっとるやないか」

「そうよね。菊池くんの意見は？」

「ＰＯＰには、いま川越が言ったことしか書けないよな。例えばiPod shuffle並みの大きさに超高性能とか」

「超高性能って、どういう意味よ」

「だからさ、人間工学に基づいた操作性とか、カメラ付きとかメモリーがiPod shuffleの8倍とか」

「菊池くんさあ、頼むから、せめて君ぐらいはお客さんの立場でものごとを考えてくれないかなあ。メーカーの営業だから仕方がないのかもしれないけれど、それで販売店の人を説得できると思うの？」

「そう言われると……」


意外な方向に流れ始めた話を聞いて、川越は黙っているわけにはいかなかった。

「なんやねん。人が一生懸命、それこそ何十回も徹夜して作ってきた新製品に、お前らはケチつける気なんか」

「そうじゃないわよ、そこは誤解しないでね。逆なの。川越ちゃんたち開発部が精魂込めて作ってくれた新製品だからこそ、その値打ちをきっちりとわかってくれるお客様に届けたいのよ」

「ほな、何があかんねん」

「じゃあさ、ちょっと想像してみてよ。iPod shuffle の隣に、同じようなうちの製品が置いてあったら、お客さんはどっちを選ぶかしら？」

巨体の川越をまっすぐに見据えて理子が聞いた。

「そら……、そない言われたら、わし困るやんけ」

「もっと単刀直入に聞くわ。川越ちゃんだったら、どっちを取るの？」

「わしか。わしは、そらまあ、ずっと昔からアップルのファンやからな」

「携帯音楽プレイヤーを求める人の大半がアップルファンよね」

「そう言われると反論でけへんな」

川越の声がだんだん小さくなっていった。

「趣味性が強くなるほど、ブランドがモノを言うのはマーケティングの世界では当たり前のことじゃない。価格はどうなの？　iPod shuffleの2GB版が4200円よね、ピクシーはいったいいくらで出す予定なの？」

「4200円や」

「川越、それほんとか？　iPod shuffleと同じじゃないか。それでは勝ち目がないなあ」

「菊池まで、そんなこと言うんか。同じ値段やけどメモリーは8倍もあんねんで」

「だから、そこがメーカー発想なんだよね。たしかにたくさん曲が入ることは、それなりに魅力かもしれない。でも曲をたくさん持ち運びたいことが選択基準となるなら、iPod touch⑮を選ぶでしょう。あるいはそもそもiPhone⑯を持っていたら、shuffleは買わないんじゃないの」

「ちゅうことは、曲数の多さでは勝負でけへんいうことかい」

「誤解しないでね、ダメ出ししてるわけじゃないの。ただ、iPod shuffleを欲しい客を相手にするなら、この勝負に勝つのは厳しいよね。川越ちゃんもわかるでしょう？」

いつの間にか川越は、大きな体をすくめるように膝を抱えていた。

「ほな、どないせぇっちゅうねん。もう開発も最終段階まで来てるんやで。ここまで来て一からやり直し、なんて部長が絶対に認めてくれへんわ。それこそ瞬間湯沸かし器のあだ名通り、激怒すんのが目に見えとるで」

「ちょっと落ち着いて教えて欲しいんだけどな、そもそもピクシーの企画ってどうやって練り上げられたのよ？」

「そんなん簡単やないか。うちの強みは技術力やろ。そやからiPod shuffleと同じぐらい小さいボディに、**アイリバー**⑰の**T9**⑱を超える機能を盛り込むこと。これやないか。そこにカメラ機能まで盛り込んだんや。これはわしのアイデアやで」

「川越ちゃんは、ピクシーを企画しているときにさ、どんな人が、どこでピクシーを

⑮ iPod touch
アップルが開発・販売する携帯音楽プレイヤー。無線ＬＡＮでインターネットに接続できるため、インターネット端末の役割も持つ。容量は64ＧＢモデルまでが販売されている。

⑯ iPhone
アップルが開発・販売するスマートフォン。iPodに携帯電話機能と電子メール機能を持たせた携帯情報端末として2007年にスタートした。

⑰アイリバー
韓国の携帯音楽プレイヤーや電子辞書、カーナビなどの電子機器メーカー。

⑱Ｔ９
アイリバーの携帯音楽プレイヤー。４ＧＢあるいは８ＧＢの容量を持ち、液晶画面により曲の表示が可能。ＦＭラジオ、録音機能も搭載している。

使っているか考えたことがあるの？」

「何言うてんねん。それ考えるのはマーケティング部のお前の仕事やないか」

「すると話の順番がおかしなことになるよね」

「いちいち面倒くさいやっちゃな。何が言いたいねん、ほんまに。だんだん腹立ってきたわ」

「どんなモノを作るのかを考える前に、まず誰が買ってくれるのかを考えるのがものの道理でしょう。こんなすごい製品ができたから、きっと買ってくれる。そんな思い込みで、うちは何度も痛い目にあってきたはずじゃない」

「そら、まあ、そやな」

「誰が買ってくれるのかを考えるということは、買ってくれる人にとって、どんな価値があるのかを突き詰めることでもあるわよね」

「ほ〜ら始まったぞ、マケ女のマーケティング教室だ」

「菊池はちょっと黙っとれ。聞くけどな、理子、価値はどうやって見つけるねん」

「実はニワトリと卵なのよ、そこは。お客の姿が先に目に浮かぶか、お客が使っている情景が見えてくるか。ただ、それだけでもだめなんだな。うちのようにブランド力がないメーカーが、アップルと真っ向勝負して勝てるわけないからね」

「そらそや。だから機能性で勝ったろて思てんからな」

「ところがお客が機能性を求めていなかったらどうなるの？」

しきりにメモを取っていた菊池が口を開いた。

「俺は、少しずつわかってきたよ。要するに iPod shuffle を買いに来るお客さんを狙っても勝てないってことだ」

「T９を指名買いしようとする相手なら通じるかもしれないけれどね。そんなのごく少数派よね」

「理屈はわかったわい。わかったけどな、ほな今からどうしたらええねん。来年の新学期商戦に間に合わへんかったら、えらいことになんで」

「納期はもちろんわかってるわよ。私だって大田電子の社員としてプライドをもって仕事をしているんだから。お客さんから『そうそう、こんな商品が欲しかったの』と喜んでもらえるモノを出したい気持ちは、川越ちゃんに負けないわ。販売店さんからは『これなら売れる。間違いないよ』と太鼓判を押してもらえるモノにしたいの。だから川越ちゃんに来てもらったんじゃない。そこで確認しておきたいことが二つあるの。ひとつは、今からスペックをどれだけいじれるか？　もうひとつはスペックと絡む話だけれど、価格はどこまで動かせるのか？」

「スペックに関しては、もう最終段階や。詰め込んだ機能を考えたら、形を変えんのも難しいわ。価格いじるんやったら、スペックダウンで対応せなしゃあないな」

「価格を下げる余地はあるの？」

「メモリーの容量を落とすとか、カメラの画素数を減らすとかで何とかなるやろ。まだ購買部との詰めの折衝も残っているし、発注量によっては、仕入先に少しぐらい頑張ってもらえるはずや。カラーリングとかのデザイン処理やったら、なんとでもなるで」

「じゃ、菊池くんに聞きたいんだけれどさ、これ、いつものうちのルートと違う販路で、どこかに売れないかな。たとえば、最近開拓したドラッグストアのルートとかはどう？」

「アイデアはおもしろいけれど、アフターとかの対応ができないからドラッグは無理だな。あり得ない」

「なかなか厳しい状況ね。でも、現状を確認できただけでも大きな進歩だわ。今日はこれぐらいにして、また近々集まることにしましょう」

「それ、わしも入ってんのか」

「川越も乗りかかった船じゃないか」

「泥舟やなかったらええんやけどな」

マケ女《ジョ》・理子のマーケティング解説1

マーケティングとは流れである

画期的なアイデアを思いついたとか、革新的な技術を開発した、とか。そんなキッカケで生まれた新製品や新サービスが、華々しく登場した割に、あっけなく消え去っていく。よくあることですね。

どうしてだか、わかるでしょうか？

たしかに編み出されたアイデアや技術は、すばらしいものなのかもしれない。でも、それは誰にとってすばらしいのでしょうか？　あるいはお客さんの視点で競合と比べた時に、どんな魅力があるでしょうか？

もちろん、なかにはアイデア一発で爆発的なヒット商品が生まれることもあります。でも、確率で考えるとどうかな。そんなまぐれ当たりは、よくて１００回に1回くらいのはずです。

ゴーイング・コンサーン、継続することにこそ、企業の存在価値はあるもの。だから、まぐれ当たりでは困るのです。１００回に1回ビッグヒットを叩き出すより、10回に5回スマッシュヒットを出すのでないと、企業は継続できません。

マーケティングは、コツコツとヒットを確実に打ち出すための科学的な手法、と覚えておきましょう。きちんと手順を踏めば、必ず成果が出ます。本来なら、企業が組織を構成する上で、マーケティング部は必須のセクションです。特に欧米企業では、トップの多くがマーケティング部の出身者です。

なぜでしょうか。お客さんのことを誰よりも知っていて、お客さんが求めているものを社内で一番深く考えているのが、マーケティング担当者だからです。極端に言えば、マーケティングとは、お客様について考え続けることといってもいいかもしれません。

「こんなすばらしい製品ができた、きっと売れる」じゃダメなんです。

「こんなお客様たちがいて、この人たちは、今こういうものが欲しいはず。だから、これは売れる」でなければ。

では、こんなお客様って誰でしょうか？ 欲しい物って何ですか？ それを考えるのがマーケティングです。だから今、世の中がどうなっているのかを知っておく必要があります（PEST分析）。お客様や競合と自分の会社の関係を、きちんと把握しておくことも必要です（3C分析）。業界内だけ見ていては漏れが出ます。外からいつ、新しい波が襲ってくるかもしれません。だから、まず自社のビジネス環境をしっかり理解しておくことが大切なのです（5F分析・VC分析）。

といっても、これは決して難しいことではありません。ニュースを見る、新聞や雑誌を読む、その時に「これは、うちにとって利益になるの、それとも不利なことなの？」と少し考えてみましょう。気になることがあれば、切り抜いておくこと。それだけでマーケティングマインドは養えるものです。

そして、いつも自社の強み弱み、状況は有利なのか不利なのかを考える（SWOT分析）。そうしていると、これから自社が勝負をかけるべきマーケットがなんとなく見えてくるはず（Segmentation）。市場が明らかになれば、そこにいるお客さんの顔も浮かんでくるでしょう（Targeting）。すると、そのお客さんに競合との違いを、どのようにアピールすればいいかがわかる（Positioning）。

製品やサービス（Product）は、このPositioningから生まれてきます。だから、Positioningが明確になっていれば、スマッシュヒットが生まれる確率はかなり高まるのです。

当たり前ですね、買ってくれるお客さんがわかっていて、その人たちが買ってくれそうなものを作るのだから。あとは価格設定を間違わないことと（Pricing）、お客さんにしっかり伝わるようにメッセージを出すこと（Promotion）、そして、お客さんがいちばん買いやすいように導線を整えること（Place）。

もしダメだったら、その時はどこかに間違いがあったことになります。それがどこなのかは、流れをさかのぼって見ていけばきっとわかる。それが次のヒントになります。

行き当たりばったりの製品開発と、流れに沿ったマーケティングの違いをつかめば、あなたも、きっと立派なマケ女（マケ男《ダン》）になれます。

マーケティングの流れ

環境分析

- 自社を取り巻く環境を精査（PEST 分析、3C 分析、5F 分析、VC 分析、SWOT 分析）
- 自社にとっての「市場機会」を明確にする
- 機会をつかむための「市場課題」を浮き彫りにする

戦略の方向性が決まる！

戦略立案

- 市場を細分化する（Segmentation）
- ターゲットを明確に設定する（Targeting）
- 自社をどのようなポジションで訴求するかを決める（Positioning）

具体的な戦略が固まる！

施策立案

- Product（製品）
- Price（価格）
- Place（チャネル）
- Promotion（販促）

「4P」（何を、いくらで、どこで、どう売るか）**が決まる!**

マーケティングのセオリー通りの改革を断行、8年連続日本一の評価を獲得

20年後の社会状況、競争環境を先読みして、方向転換を図った金沢工業大学

マーケティングをセオリー通りに進めて成果を出した、お手本ともいえる成功事例が金沢工業大学です。

同校は朝日新聞出版『大学ランキング2013年版』において、全国大学学長による評価で8年連続の1位を獲得しました。2008年度には、就職率99・5%と驚異的な数字を叩き出しています。地方の私立大学が偉業を達成し続けている秘密は、マーケティングにあります。

同校は1995年度から工業教育の改革に取り組みました。おそらく同校は、10年、20年先のマクロ環境（PEST分析）、ミクロ環境（3C分析）を考えたのでしょう。

1990年代前半から文部省には大学を増やす動きがありました。これが2000年代に入り、小泉内閣による大学の新規参入緩和につながります。結果的に大学の数は、1985年の460校に対して、2012年には全国で780校あまりと、1・7倍にまで膨らんでいます。

一方で大学にとって決定的に重要な18歳人口はどう推移するのか。団塊ジュニア層がこの年代の時には200万人だったのが、2012年にはその6割、119万人まで減っています。もちろん2012年の18歳人口は1995年時点で予測可能です。大学参入の規制緩和が進み、18歳人口が減る。専門大学や短期女子大学、あるいは海外大学の参入なども予測できたはずです（5F分析）。

競争環境は明らかに熾烈化する。状況分析を踏まえた上で、金沢工業大学は、新たな戦略を立てました。同校のホームページには「教育付

金沢工業大学のキャンパス

加価値日本一の大学を目指しています」と記されており、このスローガンにすべてが象徴されています。

同校の強みは、理系の中でも即戦力となる実学系の学部を備えていること。新しく乱立する大学の多くが文系であることを踏まえれば、企業が求める理系人材の不足が予想されます。ここに勝機を見出した同校は、研究ではなく教育への絞り込みを行ないました。ターゲットは偏差値50前後と決して高くはないものの、論理的思考力の下地を持つ理系の高校生です。実はこうした学生たちの伸び代は、かなり大きいのです。そこで同校では彼らに対して、実践的な工学教育を徹底しました。

その結果、同校は、経済産業省が定める『ハイ・サービス日本300選』に選ばれました。その紹介文には、次のように記されています。

「顧客である学生の満足度を高めるための施策

金沢工業大学の改革の流れ

環境分析

- 規制緩和による大学数の増加
- 少子化による18歳人口の減少
- 専門学校、短期大学、海外大学の大学市場参入

戦略立案

- 理系の中でも実学系
- 研究よりも教育に重点
- 偏差値50程度だが伸び代の大きい理系志望の高校生
- 実践的な教育で付加価値No.1をめざす

施策立案

- 学生が能動的に勉強できる環境
- 付加価値の高い教育
- 自ら考えて行動する学生
- K.I.Tブランド(KIT虎ノ門大学院などによる)のアピール

としてPDCAサイクルを活用している。また『夢考房』や『24時間365日オープンの自習室』をはじめとした施設やシステムを提供し『年間300日活動できるキャンパス』を実現。学生が能動的に勉強できるようなサポート体制を充実させ、教育内容の要旨であるシラバスを細かく数値化することにより学習達成度の『見える化』を可能にした」(http://www.kanazawa-it.ac.jp/about_kit/highservice.html)

一方で、東京にK.I.T虎ノ門大学院を開設し、ブランディングに努めます。理系の中でも即戦力となる実学系の学部に絞り込み、伸び代のある学生を鍛える。付加価値の高い教育を施すことで、学生を自ら考え行動する技術者に育てる。マーケティングのセオリーに基づいた施策が成果につながったのです。

Part 2

強みを探せ

3C分析で突破口を探す

大田電子の社運を賭けた新製品・コードネーム「ピクシー」は、機能てんこ盛り、開発部が総力をあげて作り上げた製品でした。けれども、技術力のあるメーカーが往々にしてハマりがちな落とし穴「技術志向」のカタマリのような製品です。

たしかに機能面では、競合となるアップルのiPod shuffleやアイリバーのT9より優れているところがあります。しかし、その優れた機能を評価してくれる顧客が想定されていません。いったい誰に買ってもらいたいのか。ターゲット設定がなされていないのです。

マーケットの状況は、言うまでもなく圧倒的にアップルが優勢です。開発担当の川越自らがアップルのファンと認めてしまうほど、携帯音楽プレーヤーにおけるアップルブランドの優位性は圧倒的なのです。いくら機能が優れているからと言っても、アップル一人勝ち状態のマーケットに正面から勝負を挑んで、果たして勝てるものなのか。さらに突っ込むなら、ピクシーに盛り込まれた機能は、サイズ、操作性、カメラ、メモリー容量と、いずれも音楽を聞くためのものではありません。この点でもピクシーのポジショニングは極めて曖昧です。iPod shuffleが手軽に音楽を聞くことだけに機能を絞り込んでいることに比べれば、ピクシーは、どうにも差別化ポイントがはっきりしない製品と言うしかないようです。

マーケティングの視点から考えれば、かなりまずい状況が予想されるのにもかかわらず、開発は一方的に進められ、すでに最終段階に入っています。いまから大幅な変更は難しいでしょう。いや、難しいどころか、この段階で開発部に設計変更の注文を出したりすれば、社内的に大騒動を引き起こす恐れが高いはず。だからといってマーケティング担当の理子としては、売れる予感が持てない製品をそのまま市場に出すなんてあり得ない選択です。可能な限りのマイナーチェンジを加えて、なんとか「ピクシー」を売り出すことはできないか。順番は逆になってしまいましたが、理子はセオリーに立ち戻って、マクロの環境分析から取り掛かることにしました。

ただし、理子の動きが、早くも社内にただならぬ波風を起こしたようです。

Part 2 の登場人物

開発部
部長
中山義之
営業部
菊池努
営業部
新規開発担当
大沢雅一
(入社3年目)
マーケティング部
福島理子

当社のヘッドフォンが売れているのは、なぜだ

「福島くん、話がある。ちょっと顔を貸してもらえないか」

同期3人によるカラオケミーティングの翌日、朝一番に開発部の中山部長が理子の席までやってきた。油っけのない髪の毛、おそらくはクリーニング屋に出さずに自宅でアイロンを当てているのだろう、今ひとつ糊の効いていないシャツにぶら下がっているレジメンタルのタイは、紺色に少しくすんだ赤のストライプが入っている。薄汚れた白衣をまとい、足元はサンダル履きだ。技術畑一筋に30年、バリバリのモノづくり職人である。滅多に開発室を出ることのない部長が、わざわざマーケの部屋まで来た意味を、理子はすぐに悟った。昨日の同期ミーティングの内容を、川越が上司の中山部長に報告したのだろう。覚悟を決めた理子は、役員応接室で中山と向かい合った。

「川越くんから聞いたよ。君はピクシーの仕様に不満があるそうだな」

中山部長は単刀直入に話を切り出した。

「不満だなんて、とんでもない。川越さんから聞いたピクシーのスペックは、さすが我が社の技術陣だからこそ開発できた高性能だと感服こそすれ、不満などひとつもありません」

「それは聞いている話と違うな。我々技術陣が総力を結集して開発してきたピクシーなのに、君は売れないとはっきり言ったそうじゃないか。川越くんからはそう聞いたぞ」

「売れないというのは間違いありません」

「なんだとぉ！　もう一度、言ってみろ」

瞬間湯沸かし器のあだ名通り、中山部長の顔は一瞬で真っ赤になった。

「もしピクシーが、昨日、川越さんから聞いた通りのスペックと価格のままで製品化され、従来通りの我が社の流通ルートで販売されるとすれば、相当苦戦すると思います」

「何を言うか。お前なんかに、我々開発陣の必死の思いなどわかるはずもない。マケ女だかなんだか知らんが、小娘が偉そうなことを言うんじゃない」

「お言葉ですが、部長。私も入社以来、マーケ一筋に生きてきた人間です。たしかに歳は、まだ30になったばかりです。部長から見れば小娘に過ぎないのかもしれません。けれども、ことマーケについてはそれなりにプロ意識をもって仕事をしているつもりです」

「それが偉そうだと言うんだ。所詮マーケなんて、製品ができてから広告を考えるだけのセクションじゃないか。君が入社する前にマーケにいた奴らは、みんなそう言ってたぞ。しかも、なんだかよく訳のわからないカタカナ職業の派手なかっこうした奴と、いつもつるんでいやがった。そもそもマーケの連中はきちんと仕事をしているのかね。とにかく、斬新な機能を盛り込んだ製品を作れば、それで間違いなく売れたんだ」

「そんな幸せな時代があったことは、社長から教えていただいたことがあります」

中山部長の強い口調に、理子は一歩も引かずに答えた。

「我々開発部は、創業以来ずっとうちの製品を作ってきた。開発部こそが我が社を支えてきたんだ。マーケだ何だって、そんなのは開発部が稼ぎ出した利益を食いつぶすだけのセクションじゃないか」

「それは言葉がすぎるのではありませんか」

「なんだとう！」


理子は気持ちを落ち着けるように、深く息を吸ってから静かに語りはじめた。


「去年の春先に新発売した超軽量ヘッドフォンの開発プロセスを思い出していただけませんか」

「あんなもの、少し売れたらしいが、店頭価格で２０００円を切ってる安物じゃないか。あれがどれだけ我が社の業績に貢献したと言うんだ」

「あのヘッドフォンは超軽量と高音質が売りです」

「そんなことはわかっている。なんだかんだ言っても、俺達開発部が作ったんだからな」

「ありがとうございます。おかげさまで、あれは我が社にとって久々のスマッシュヒットとなりました。超軽量ヘッドフォンは、当社5年ぶりのマーケットシェア10％突破製品となったのです」

「それは良かったな。たしかにあれは、君が企画を持ち込んできた案件だ。この製品のターゲットは何とかで、差別化ポイントはどうとか、スライドを使って説明していたことは覚えてるよ。注文通りに作ってやったんだ。それが売れたとあれば、さぞかし鼻が高いだろう。とはいえ、所詮安いものじゃないか。売上ベースでの貢献度なんてたかが知れてるだろう」

「部長は経営数字にあまり興味をお持ちではないようですね」

「どういう意味だ。もし、私をバカにしているのなら、今のひと言、聞き逃すわけにはいかないぞ」

「国内のヘッドフォン市場は、ここ数年、毎年1割から2割程度増え続けています。２０１０年度には１６５０万台でした。昨年度の統計はまだ確定していませんが、速報値で１８００万台を超えています。そのうちの10％を、我が社の超軽量ヘッドフォンが確保したのです」

「まさか……。１８０万台も売れたのか。本当なのかそれは」

超軽量ヘッドフォンが想像以上に売れていたことで、中山部長の口調がトーンダウンした。

「マネージャー会議の配布資料には製品別の売上が記されているはずですが」

「ここしばらくは、ずっとピクシーの開発に集中していて、会議なんか出ている暇がなかったんだ。それにしても本当に１８０万台も売れたのか。小売ベースで36億円の売上、ということは、うちの出荷ベースでも軽く10億を超えている。あんなものがどうして、そんなに売れたんだ」

「爆発的に売れた理由は、私たちマーケティング部でもまだはっきりとはつかんでいません。ただ、店頭リサーチの結果では、どうも小型の iPod shuffle や iPod nano[19] のユーザーが、二つめのイヤフォンとして買っているようです」

「それはアップルの純正イヤフォンに比べたら、はるかに音質はいいはずだ。超軽量とはいえ、我が社の製品はイヤフォンじゃなくヘッドフォンだからな」

「そこは中山部長に頑張っていただいたからと本当に感謝しています。商品企画にあたって、私たちマーケ部が狙ったのは、ソニーと同性能の製品を半額で出すことでしたから」

「思い出したよ。あの時も、君にはさんざん生意気なことを言われたんだ。耳の穴へのフィット感が大切だとか、ノイズキャンセリング機能をつけろだとか、いろいろ注文をつけやがって。あれだけの機能を盛り込みながら、あの価格に抑えるために、開発部がどれだけ大変な思いをしたかわかってるのか」

「そこは感謝しております。ただ、わかっていただきたいのは、私たちマーケ部が一から企画した製品がヒットしたんだと、その点だけは認めてもらいたいです」

理子は、中山部長の目を真っ直ぐに見つめた。一瞬、中山が怯んだ。

「だからといって、それがピクシーとどう関係あるんだ。ピクシーはお前たちから突きつけられた要件で作った製品なんかじゃない。開発部が持てる力のすべてをつぎ込

⑲ iPod nano
アップルの携帯音楽プレイヤー。iPod touch より小型でありながら、液晶画面を持ち、shuffle と異なり曲の選択も自由にできる。容量は 16 GB モデルまでが発売されている。

んで作り込んだ傑作なんだぞ。それに横から茶々を入れたりすれば、たとえ女だからといっても許さんからな」

「茶々などではありません。どうすれば超軽量ヘッドフォンの次のヒット作となるかを、一緒に考えていただけませんかとお願いしているのです」

「それが甘いというんだ。開発はもう8割方終わっている。今からマーケにあ〜だこ〜だなんて、言われたくないんだよ」

「その結果、売れないとしても、ですか」

「……。もう一度、言ってみろ」

「いまの仕様のままで出せば、売れないリスクが高いと思います」

「本気で言ってるのか」

「はい」

「わかった。お前とこれ以上話しても無駄なようだ。お前のことは上に報告しておく」


応接室のドアを叩きつけるように閉め、中山部長は出ていった。叩きつけられたドアの音が、しばらくこだまのように部屋に響いていた。その余韻がすっかり消えると、理子はふ〜っと長いため息をついた。落ち着いて応対していたつもりだが、親子ほども年の違う役員を怒らせてしまったのだ。いつも冷静な理子だが、さすがに心の中に波風が立っていた。しかし、中山の罵声を浴びながらも、理子の頭の中にはひとつの問いが膨らみ始め、いまではその問いに理子の頭は満たされていた。

なぜ、超軽量ヘッドフォンは、売れたのか。

たしかにあの製品は、マーケティングのセオリー通りに、3C分析から始めて、SWOT分析で見つけた勝機に切り込んだものだ。iPod shuffle や iPod nano ユーザーが不満を抱くポイントがあるとすれば、それは何か。

あくまでも消耗品的な位置づけに置かれているイヤフォンだろう。iPod shuffle は売価が4200円、ということはイヤフォンにかけることのできるコストなど微々たるものだ。モノとしての作りこみの完成度も、何より大切なはずの音質も、それなりのレベルで留まっているはず。

そこに音質の良さに加えて、軽さでも勝負できるヘッドフォンをぶつける。価格はソニーが出している同種のヘッドフォンの半分以下に抑える。これで iPod shuffle ユーザーのイヤフォン買い替え／買い足し需要をキャッチできる。

セグメンテーションは買い替え／買い足しマーケットである。ターゲットはiPod shuffleとiPod nanoユーザーだ。そしてポジショニングは、スペックと価格を勝負軸として差別化を図る。

当たる予感はあった。いや、予感のような曖昧な感触ではなくマーケ担当者としての確信といってもいい。ところが、実際の売上は理子の予想とはかけ離れたものとなった。といっても売れなかったのではなく、予想をはるかに超える売上を叩き出したのだ。

売れたのだから良しとするわけではないが、忙しさにかまけて、なぜ予想以上に売れたのか、検証作業を怠っていたことを理子は反省した。もしかしたら、菊池なら店頭の情報をつかんでいるかもしれない。理子は席に戻ると菊池を探した。

競合製品に死角はないか

「菊池くん、ちょっといいかな」

「どうした？　顔色があんまり良くないみたいだけど」

菊池は、理子の顔を見るなり言った。

「開発の中山部長とちょっとやり合っちゃってさ」

「もしかして、川越が昨日の話を伝えたのかな」

「そうみたい。今のままではピクシーが売れないリスクがあるって話をしたんだけど、まったく伝わらなかったんだ」

「何しろ超がつくほど、純粋な人らしいからな、中山部長は。一本気というか、柔軟性がないというか。うちの上の人も言ってたけど、決して悪い人じゃないそうだが、融通は効かないタイプらしいね」

「その通りだったわ。それはともかく、菊池くんに教えて欲しいことがあるの」

「何だ、改まって。今度の金曜日なら空いてるぞ。いよいよ、俺とつき合う気になったか？」

「なに、ばかなこと言ってんのよ」

「違うのか」

「当たり前じゃない、私は安売りはしないわよ。そうじゃなくて、去年の春先に売り出した超軽量ヘッドフォンなんだけど」

「あぁ、あれか。あれについては営業部一同、理子様には本当に感謝してるよ。あのヘッドフォンのお陰でノルマをクリアできた部員が何人いることか。俺だって、その一人なんだから」

「それについて教えて欲しいのよね。あれ、どうして、シェア10％も取れたんだろう？」

「俺が言うのもおかしな話だけど、どうしてあんなに売れたのかは、俺たちもちょっと不思議だったんだ。理子は、どうしてだと思う？　マーケ部主導で開発した製品なんだから、売上についてもある程度の予測はあったはずだろう？」

「もちろんよ。狙ったのはiPod shuffleやiPod nanoユーザーのイヤフォン買い替え需要よね。アップルの製品は本体にギリギリまでお金をかけているから、周辺パーツにまで予算が回らない。だからイヤフォンを買い換えるユーザーが必ず出ると踏んで、そのニーズをすくいにいったというわけ」

「たしかにな。理子先生に教えてもらった通りのセールストークで、量販店のバイヤーさんはみんな納得してくれた、さすがマケ女と、営業部一同、お前のことを見直したんだぜ。本当に楽にセールスさせてもらって、売上もしっかり稼いでくれたんだから、ありがたい話だよ」

穏やかな表情で聞いていた理子が、急に真剣な顔になった。

「でもね、売れすぎたと思わない？」

「売れすぎて文句を言うのはおかしな話だろう。たしかに売上予想を大幅に上回ってくれたから、みんなホクホクだったけれど……。そういえば、新規開拓部隊がたくさん売ってるって報告を聞いたような気がする」

「それよ、どこで売れたのか、ちょっと探ってみてよ」

「わかった、聞いてみる」

翌日の午後、理子は菊池から連絡を受けて、また例のカラオケに向かった。受付に行くと、もう菊池は来ているという。ドアを開けると菊池の他にもう一人、営業部新規開発担当の大沢雅一がいた。まだ20代半ばの大沢は、ソファに浅く座り、少し前かがみになって両手を組んでいる。組んだ手をしきりに、すり合わせるように動かしている。緊張しているのかもしれない。ライトブルーのスーツが若々しさをアピールしていた。

「理子、大沢くんは知ってるね？」

「たしか、新規開拓部隊だったわよね。営業部でいちばん苦労して頑張ってるセクショヨンでしょう。ごめんなさいね。忙しいのに、こんなところへ呼び出しちゃって」

「いえ、あの、うれしくて、ちょっとテンパってます」

「なんだ、そりゃ。何がうれしいんだ？」

「福島先輩は僕のあこがれなんです。いつも冷静で、勘に頼るのではなく、的確な分析に基づいてヒット商品を開発する。僕は大学でマーケティングを専攻しましたから、理論を活用して実践で結果を出している先輩をほんとに尊敬しています」

「あらあら、照れるじゃないの」

「すみません。でも、女性としても福島先輩のことは、素敵だと思っています」

話が意外な方向に進みかけたのを察して、すかさず菊池が割って入った。

「おいおい、妙な展開はだめだぞ。そもそも、なぜ大沢くんを呼んだのか、そこからはじめようじゃないか」

菊池は話しはじめた。

「実は、あの超軽量ヘッドフォンは意外なルートで売れていたんだ。それを大沢に教えてもらったので、これなら理子もきっと話を直接聞きたいに違いない、そう思って呼んだというわけさ」

「へえ、それは興味深いな。いったい、どこで売れてたの？」

「スポーツ用品店なんです。それも大手のチェーン店で扱ってもらえました。だから一気に量がはけたんです」

「スポーツショップかあ、それは思いつかなかったな。でも、どうしてそんなところで売れたんだろう。というか、その前に、どうやって売り込んだの？」

理子に促されるように、大沢は話しはじめた。

「もちろんスポーツショップに携帯音楽プレイヤーは置いていません。だから、最初にヘッドフォンを売り込みに行ったときは、あまりまともに相手にされなかったんです。もっとも僕もダメ元で行ってるから、まあ、そんなもんかなと、別にショックもなかったわけですけど」

「意外と図太いタイプなんだよ、こいつは」

「菊池先輩、そんな言い方はないと思いますが」

「大沢くん、いいから話を続けてよ」

「せっかく来たんだからと、売り場をいろいろ見て回りました。僕もほとんど毎日、皇居の周りを走っていますから、ランニングウェアやシューズには興味があるんです。そこでなにげなくレディースのランニングシャツを見ていたら、首の後ろのところに妙なループがついてました」

「ループって？」

「イヤフォンのコードを通す輪っかだな」

「さすが菊池先輩、よくご存じですね。たしかにＰＯＰにも『首後ろ部分には、イヤフォンのコードを通すループ付』と書いてありました。なるほど、最近のウェアは音楽を聞きながら走ることを前提に考えられてるんだなあと思ったわけです」

「……それで？」

「ランニング関係の売り場を見ると、他にもアクセサリーポーチとかがあるわけですよ。これは『様々な携帯ミュージックプレイヤーをフロントに収納可。フロント部分には、イヤフォンコードを出すオリジナルホール』と書いてありました。そこで、そのポーチとシャツを買って、バイヤーのところに戻りました」

「な、偉いだろう、こいつ。若い割に、しっかりしているのは、理子と同じマーケティング理論に基づいたモノの見方ができるからなのかな。それだったら俺も教えてもらいたいぐらいだ」

話に集中している理子は、菊池を無視するように大沢に問いかけた。

「で、バイヤーになんて言ったの？」

「こっちから何か言うんじゃなくて、聞いたんですよ。どうして、この商品を扱っているんですかって。そうしたら教えてくれました、お客さんと接している販売スタッフが提案してきたんだって。ほとんどのお客さんが、走る時に音楽を聞いているんです。その時、問題になるのがプレイヤーとイヤフォンなんですね」

「なんか、おもしろくなってきたな」

「ちょっと菊池くんは黙ってて！　お客さんはスタッフに、何て言ったの？」

「イヤフォンのコードがね、走ってる時に体にまとわりついたり、あっちこっち跳ねたりするのが、結構気になるそうです。だから、なんかこう、すっきりまとめるようなものはないかって聞かれて、スタッフに探させたところ、見つかったのが背中にコードを通してすっきりまとめるシャツと、コードをうまくまとめられるポーチだったというわけです」

「要するに走る時は、コードが邪魔になるのね？」

「そりゃ、そうですよ。だから、コードが外せないなら、できるだけ軽いヘッドフォンがいいですよねとバイヤーに言ったんです」

「それでバイヤーは納得してくれたというわけ？」

「そうです。おかげで一気に商談は成立しました。そこからはトントン拍子に扱い店が広がっていんたんです」

「でも、走りながら音楽を聞きたい人には、本当はヘッドフォンのコードなんかないほうがいいのね？」

「もちろんですよ。だから、僕は重いのを我慢してiPod touchを使ってるんです」

「おいおい、俺にもわかるように説明してくれよ」

菊池が割り込んできた。


「菊池先輩は走ったりしないのですか」

「ああ。忙しいからといえば言い訳になるけど、まあ面倒くさいんだよ。そんなことどうでもいいからさ、大沢は、どうして重い iPod touch を使ってるんだ？」

「ブルートゥースが使えるからですよ」

「無線ね？」

「そうです。ちょっとぐらい本体が重くとも、僕はコードレスのほうがいいんです。これだと本体はウエストバッグに入れてもいいし、あるいはリストバンドで腕に巻いてもいい。以前はワイヤレスヘッドフォンがなかったから、走っていていらっとすることがありました。どうせコード付じゃないとダメなら、少しでも軽いほうがいいと思って iPod shuffle を使っていたんです」

「でも iPod shuffle じゃブルートゥースは使えないわね？」

「その通りです。だからうちがブルートゥース対応のワイヤレスヘッドフォンを出してくれた時は、すぐに買いましたよ。これこそ待ち望んでいたものだって感じで」

「ワイヤレスヘッドフォンの開発には、理子は噛んでなかったよな」

「ええ、あれは開発部がというよりも、中山部長の肝いりで開発されたって聞いてるわ。中山さんは通信関係に造詣が深いらしいね。とにかく大沢君、君はとんでもないヒントをくれた、ありがとうね」

「なんのヒント何でしょうか」

「君たちはまだ聞かされていないと思うけれど、いま、新しい携帯音楽プレイヤーの開発が進んでいるの。それでね、開発部といろいろやり合ってるんだけれど、君の話は見事に突破口になるよ。ありがとう。あとひとつ、頼みがあるんだけれどいいかな」

「福島先輩の頼みとあれば、なんでも喜んでやりますよ」

大沢の言葉を聞いて、菊池が口を挟んできた。

「おいおい、ちょっと、ずるいんじゃないか？　俺がなにか頼んだ時は、たいてい忙しいですって逃げるくせに」

「まあまあ、菊池くんの話なんか放っておけばいいから。頼みというのは、今のスポーツショップの話を簡単なドキュメントにまとめて欲しいんだ。特にジョギングをするお客さんが、音楽を聞きながら走るのに、どんな不満を持っているか。そこがはっきりわかれば、体裁にはこだわらないから。できれば、そのイヤフォンコードをまとめるシャツやポーチの写真があれば、なおいいわね」

「お安いご用ですよ。これから社に戻ったら、すぐにまとめてみます」

大沢の話を聞いた理子の頭には、起死回生のプランが浮かんできたようだ。

「3C分析」は現状整理の基本

環境分析

- 自社を取り巻く環境を精査
(PEST分析、3C分析、5F分析、VC分析、SWOT分析)
- 自社にとっての「市場機会」を明確にする
- 機会をつかむための「市場課題」を浮き彫りにする

戦略の方向性が決まる！

戦略立案

- 市場を細分化する（Segmentation）
- ターゲットを明確に設定する（Targeting）
- 自社をどのようなポジションで訴求するかを決める（Positioning）

具体的な戦略が固まる！

施策立案

- Product（製品）
- Price（価格）
- Place（チャネル）
- Promotion（販促）

「4P」(何を、いくらで、どこで、どう売るか)が決まる！

3つの「C」から新たに提供できる価値を考える

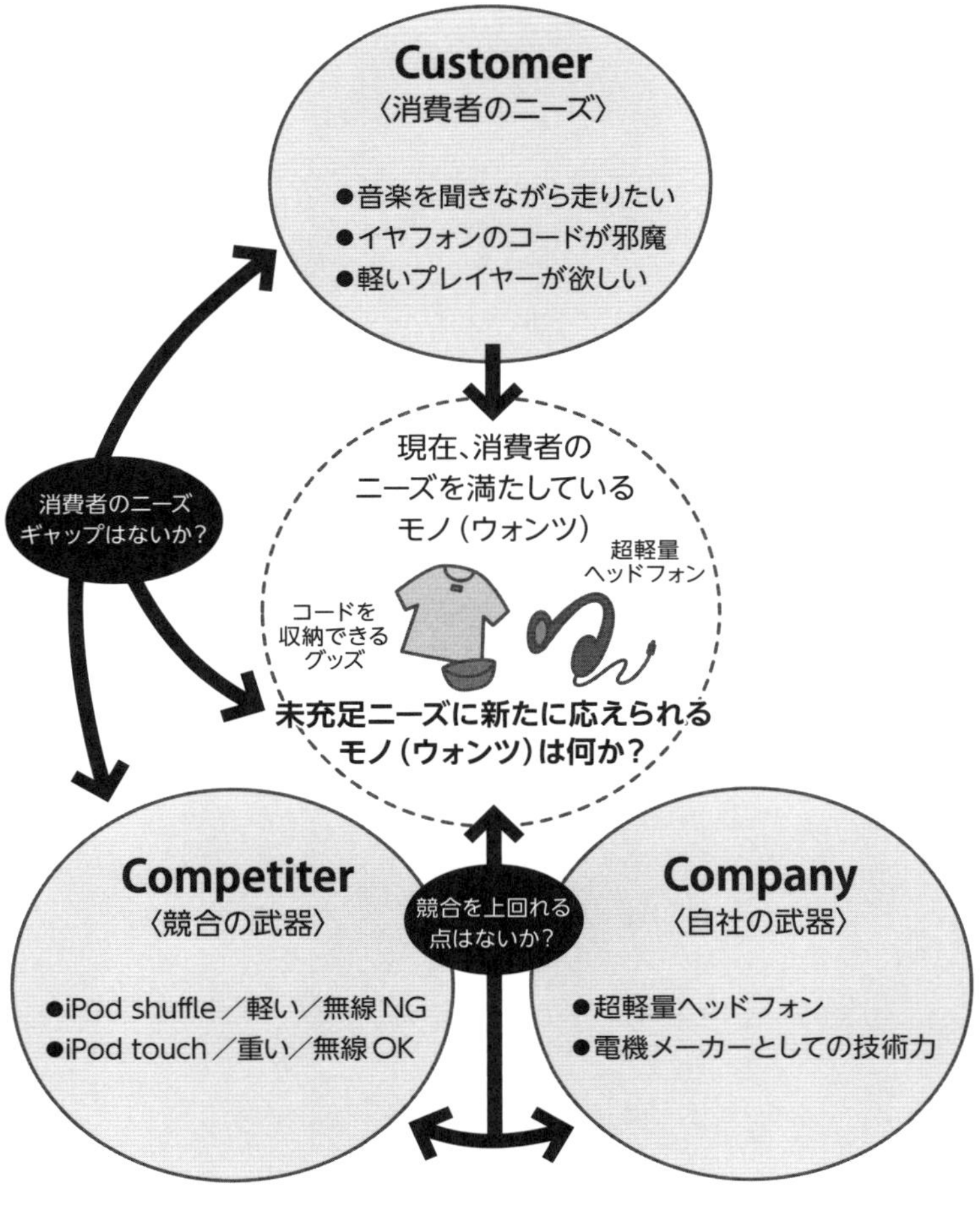
Customer
〈消費者のニーズ〉
●音楽を聞きながら走りたい
●イヤフォンのコードが邪魔
●軽いプレイヤーが欲しい
現在、消費者の
ニーズを満たしている
モノ（ウォンツ）
超軽量
ヘッドフォン
コードを
収納できる
グッズ
未充足ニーズに新たに応えられる
モノ（ウォンツ）は何か？
消費者のニーズ
ギャップはないか？
競合を上回れる
点はないか？
Competiter
〈競合の武器〉
●iPod shuffle／軽い／無線NG
●iPod touch／重い／無線OK
Company
〈自社の武器〉
●超軽量ヘッドフォン
●電機メーカーとしての技術力

マケ女《ジョ》・理子のマーケティング解説2

3C分析は、まず顧客価値から考えよ

カラオケが、企業の会議室代わりに利用される。本書では、そんなシーンがたびたび出てきます。もちろん、これはすでに実際に起きていることです。

なぜ、そんなことが起こったのでしょうか？

おそらくは、どこかのカラオケ店のしっかり者の店長さんか、マーケティングの資質をもつバイトが気づいたからだと思います。何に気づいたのか？　昼間、スーツ姿でやってくる集団が、ボックスの中で歌いもせず、なにやらゴニョゴニョと話をしていることに。

変な客だな、と思いながらも放置しておくのが普通の対応でしょう。ところが、なかには「一体、この人たちは何をしているんだ？」と興味を持つ店員がいた。そして、ある時思いきって声をかけてみたのかもしれません。「お客さんたちは、一体何をされてるのですか？」と。

そこで「ちょっと会議をしてたんだ」と言われて、ピンと来た。あるいはバイトから報告を受けた店長が閃いた。歌わないカラオケボックスは、会議をする場所として、理想的な環境となることに。オフィス街のカラオケはどこも、昼間は閑古鳥が鳴いているもので、アイドルタイムの稼働率を高めることこそが店長の腕の見せ所です。

カラオケボックスで会議をしてもらえるのなら、それでもいいじゃないか。仮に会議室として使ってもらうなら、他に何を用意すればいいのか。そう考えて、いろいろ準備した結果が今に至っているのでしょう。

では、カラオケボックスの会議利用のようなケースを、他に見つけることはできるでしょうか。その可能性は十分にあります。そのためのツールとなるのが、フィリップ・コトラーが提唱した『価値の三層構造』の考え方です。

マーケティングで何より大切なのは、常にお客さんにとっての価値を考え続けることです。価値は、基本的に「中核価値」「実体価値」「付随機能」の3つのレベルに分解されます。

「中核価値」とは、その製品なりサービスでお客さんが手に入れる核となる利益です。カラオケなら「歌を歌う」こと、外食店なら食べる（「栄養を摂る」）こと、携帯電話なら「会話をする」ことと、「名詞（〜を）＋動詞（〜する）」で表わすことができます。

「実体価値」は、製品やサービスの特性を構成する要素、中核価値に関わる要素です。たとえばカラオケなら歌える曲数が多いとか音響設備が良いとか、外食店なら味や素材の質など、携帯電話ならつながりやすさ等の修飾語で表わされます。

「付随機能」は、中核価値に直接的な影響はないものの、その存在によって製品やサービスの魅力がより高まる要素です。カラオケなら食事がおいしいとかドリンクの種類が多い、外食店なら接客サービスや雰囲気が良いとか、携帯電話ならお財布代わりに使えるなどの要素があります。

と、説明すると「私にとっての外食店の中核価値は、ちょっと違うんだけど」と反論される方が、きっといらっしゃるはず。その通りなのです。同じ製品やサービスを提供していても、お客様によって受け取り方は変わってきます。だから価値を三層構造で考えることに意味があるのです。

たとえば外食産業を例にするなら、ただ食べることではなく、大切な人と食事をしながら過ごす時間のために、お店に行く方がおられるはずです。そんな方にとっての中核価値は、「有意義な時間を、食事をしながら過ごすこと」と表現できます。

あるいは同じ牛丼店でも、人によっては、中核価値が「満腹感を味わうこと（＝がっつり食べること）」の場合もあれば、「食事時間を短縮すること（＝食事が早く出てくること）」のケースもあるはずです。

大切なのは、同じ製品やサービスを提供していても、お客さんが感じる「中核価値」は異なるということ。時間軸で考えれば、時間の経過によって「中核価値」が変化することもあり得ます。

この考え方を一歩踏み込めば、今の中核価値で想定しているターゲットとは異なるお客さんが見つかる可能性が出てくるのです。実体価値を中核価値として受け取ってくれるお客様がい

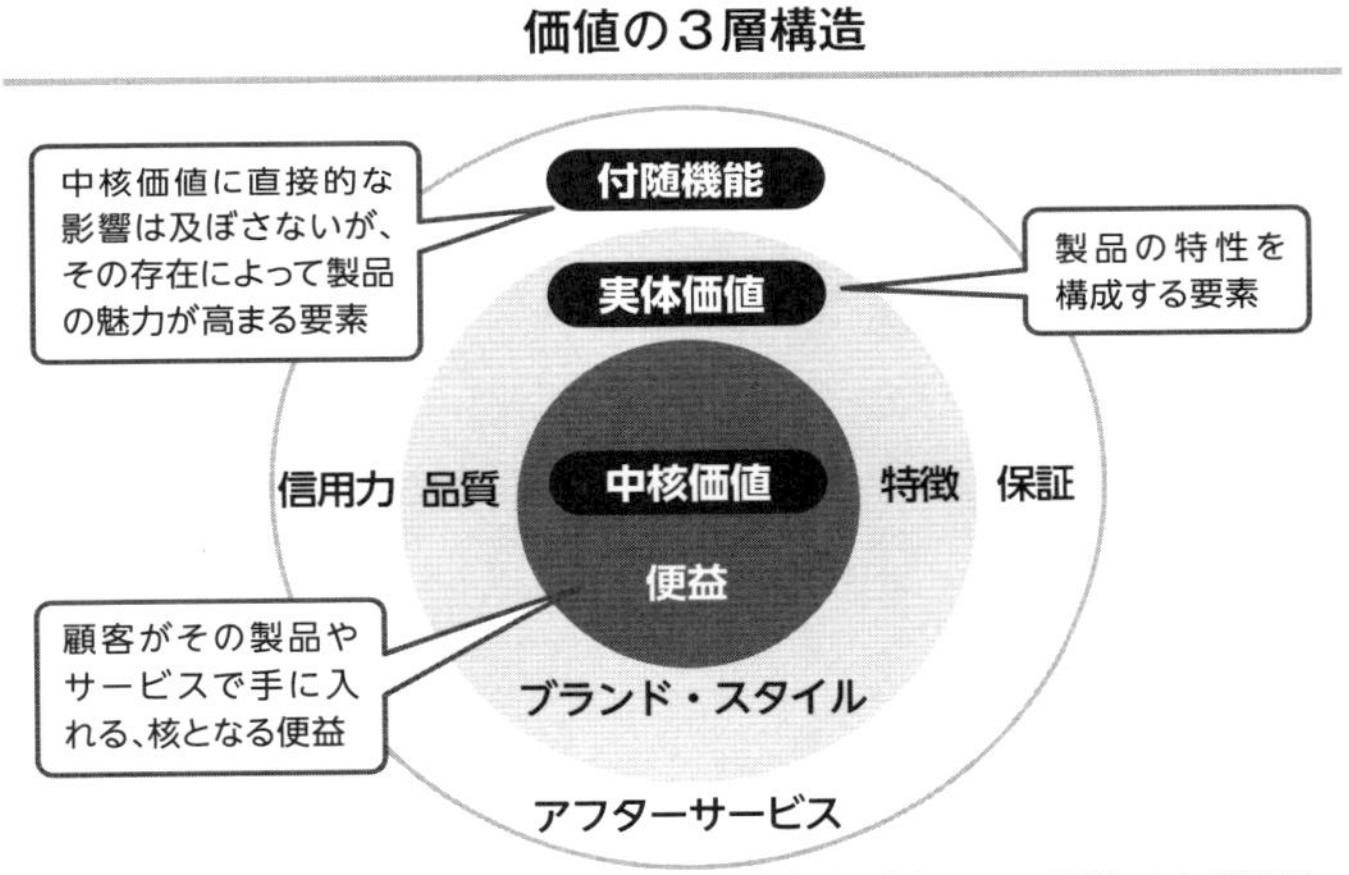

フィリップ・コトラー『マーケティング原理』（ダイヤモンド社）に加筆修正

て、何の不思議もありません。「おサイフケータイ」のように当初は付随機能だったものが、使われ続けるうちに、特定のお客様にとってはなくてはならない中核価値になるケースもあります。

そもそも今のスマートフォンは「フォン」に電話の名残がかすかに伺えますが、中核価値は「話すこと」ではありませんね。

まず一度、自社の製品やサービスの価値の三層構造を、しっかりと見直してみましょう。そして実体価値や付随機能を中核価値と入れ替えた時、どんな顧客がいるかを考えてみる。そうすれば、思いもよらなかった新たなお客さんが見えてくる可能性があります。

三層構造で考えると、新しい市場が見つかる

工事用マスキングテープをヒット雑貨『mt(masking tape)』に変えたカモ井加工紙

製品やサービスを顧客はなぜ買うのでしょうか。「客はドリルが欲しいのではない、穴を開けたいのだ」とは、マーケティングの大家セオドア・レビットの有名なセリフ。

顧客が何かを買うのは、モノやサービスによって何らかの価値を得るためです。支払うお金(=対価)よりも、手に入れる価値のほうが大きいと判断した時に、購買行動は起こります。

では、顧客にとっての価値とは何なのか。顧客の価値に焦点を絞って考えるのが、フィリップ・コトラーが提唱した『価値の三層構造』理論です。モノの価値は、中核価値、実体価値、付随機能の三つの層から成り立っている。コトラーはこのように価値を分解しました。

たとえば電動ドリルなら、中核価値は「穴を開けること」、実体価値は「より早く／より正確に／よりきれいに穴を開けること」、付随機能は「穴を開ける際に省電力、音が静か、軽量、コンパクト」などの要素が挙げられます。

電動ドリルの場合、ターゲットとなるのはどこかに穴を開けたい人に限られます。ところが世の中にはモノ自体は変えることなく、ターゲットを変えたり、新たに創り出すことで、いままでになかった価値をアピールできるケースがあるのです。

「マスキングテープ」をご存じでしょうか。塗装などの作業現場で、不要な部分に塗料がつかないよう貼って保護するテープです。テープ自体は手で簡単にちぎることができ、貼った後はすぐにはがせて、はがした後にノリが残らないなどの特長があります。

デザインのバリエーションが豊富な『mt』

工事現場で使われるツールだから、主なターゲットは当然、塗装職人です。価値の三層構造で考えるなら、中核価値は「塗料を防ぐこと」、実体価値は「簡単に貼ったりはがせたりすること」、付随機能は「目印としてわかりやすいこと」となります。

このマスキングテープが、若い女の子たちにもてはやされるようになったといえば、何が起こったのか想像できるでしょうか。マスキングテープの老舗、カモ井加工紙は、テープを新製品『ｍｔ（masking tape)』として売り出しました。ターゲットを若い女性に置き換えることで、従来とは異なる新たな価値をアピールすることに成功したのです。

若い女性に向けた新製品『ｍｔ』の中核価値は「カラフルなテープ」です。実体価値は「簡単に貼ったりはがしたりできること」、そして付随機能は「おしゃれなパッケージ」です。価

「マスキングテープ」と「mt」の価値の違い

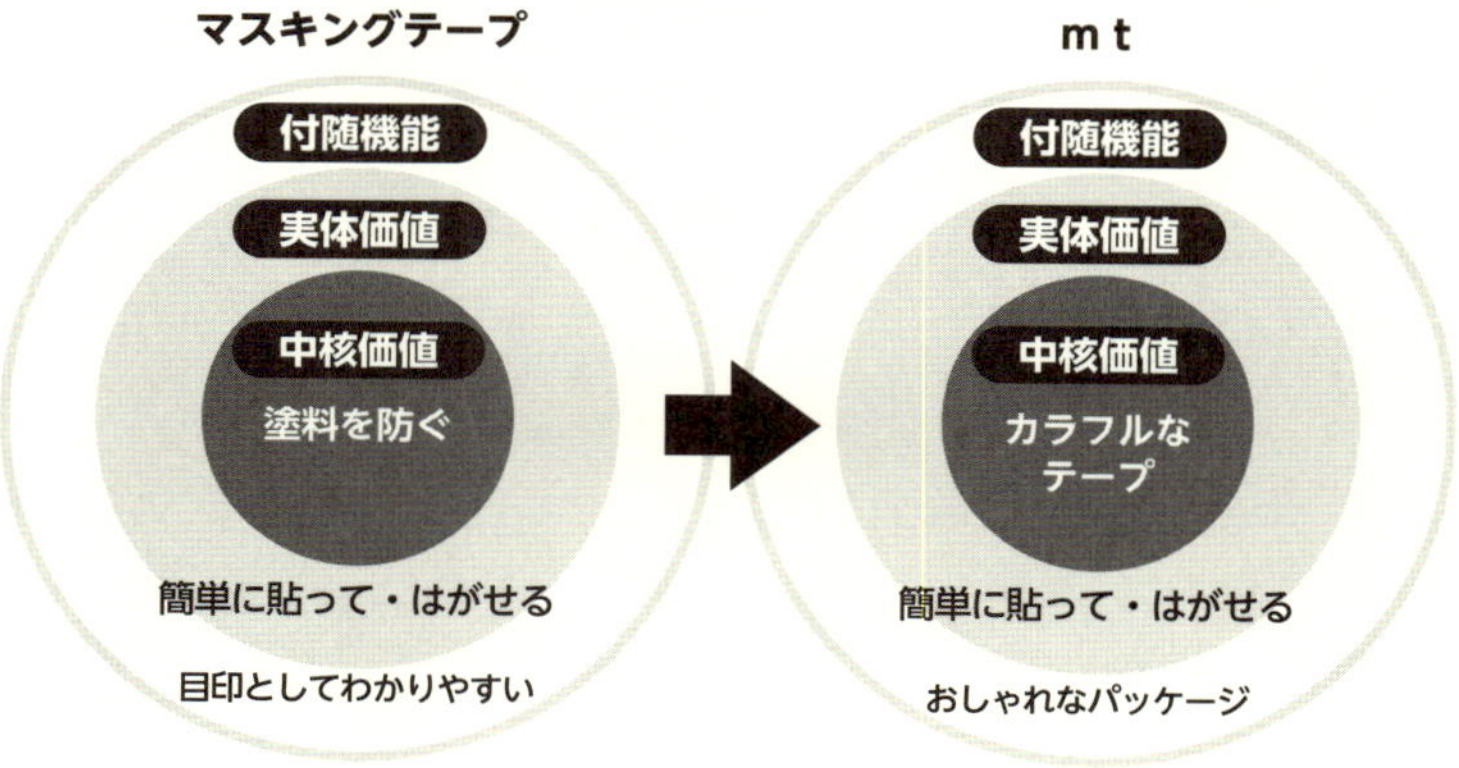

値構造を組み替えることで、従来は想定もしていなかったターゲットにとっての、価値を生み出すことに成功しました。

その結果、本来なら工事現場だけで使われていたプロ用の使い捨て資材が、おしゃれなヒット雑貨となったのです。まさにマーケティング理論を活用した成功事例です。

この事例から学ぶべきポイントは、まず自社製品の価値構造をきちんと把握すること、その上で価値構造の入れ替えと新しいターゲットをセットで考えてみることです。もちろん、すでに雑貨市場に同じような製品がある場合は、競合と比べて何を差別化ポイントとして打ち出すかを考える必要もあります。

いかがでしょうか。価値構造とターゲットを見直してみれば、御社の製品も、意外なヒット商品になる可能性が見えてくるかもしれません。

Part 3

戦略を決める

クロスSWOTで方向性を決める

超軽量ヘッドフォンは意外なことにスポーツショップで売れていました。新規開発担当・大沢からの情報は、理子にとってまさに神の啓示となったのです。多くのランナーたちが、走る時にぶらぶらと体にまとわりつくイヤフォンコードに対して「不満」「不自由」を感じていました。誰かの「不」を解消することイコール、ビジネスチャンス。そこには確実にニーズがあります。

携帯音楽プレーヤーとしての音だけで勝負するなら、ピクシーはiPod shuffleやiPod touchに到底太刀打ちできないでしょう。ボリュームディスカウントを活かした高性能パーツが実現する高音質、そして圧倒的というのもはばかられるほどのブランド力の違いを埋めることはできません。何しろ相手はアップル、瞬間的とはいえ、時価総額が50兆円に達しようかという巨大企業なのです。

けれども勝負する土俵を変え、ターゲットを徹底的に絞り込めばどうなるか。勝機を見出せる可能性が見えてきます。「敵を知り己を知れば百戦危うからず」、2500年ほども前に『孫子』が説いた戦いのセオリーは、現在のマーケティングにおいても変わらぬ真理なのです。孫子の教えを、現代のマーケティング理論にブレイクダウンしたものが、3C分析やSWOT分析などのフレームワークと言っていいでしょう。

iPod shuffleやiPod touchとピクシーを比べてみた時、その優劣はどこにあるのか。

純粋に音楽を聞くだけならアップルブランドには勝てないとしても、音楽を聞くシチュエーションを変えることでピクシーにも勝機が出てくるのではないか。そもそも今、音楽はどのように聞かれているのか。

理子の思考はめまぐるしく動き始めました。誰が、どこで、どのように音楽を聞いているのか。この点を追求していった理子の頭には、あるシーンが目に浮かんできたのです。たしかに音楽を聞くためだけなら、ほとんどメリットとは思えなかったピクシーの諸機能こそが、理子が思い描くシーンでは求められ、強みに転換されるシチュエーションがきっとある。理子の予感は、いつしか確信に近いものとなっていました。

Part 3 の登場人物

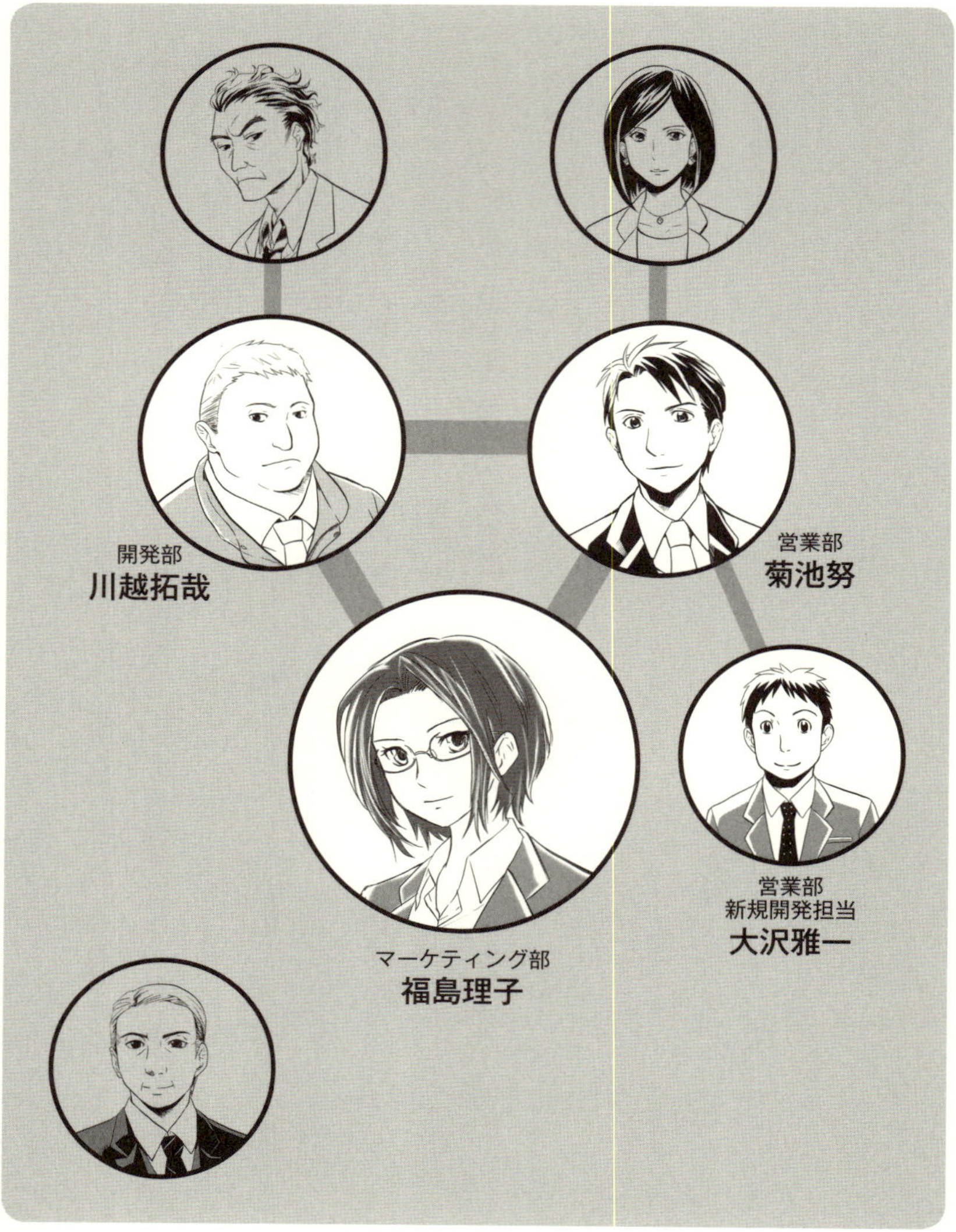
開発部
川越拓哉
営業部
菊池努
マーケティング部
福島理子
営業部
新規開発担当
大沢雅一

まともにぶつかっては勝てない

朝一番のミーティングが終わると、理子はすぐ川越にチャットを申し入れた。相手によってメーリングリスト、チャット、スカイプなどを使い分けるのが、理子のやり方だ。

「今日の午後、カラオケミーティングやるから。何があっても来てよね。川越ちゃんは、私に借りがあることを忘れないように」

「なんやねん、いきなり。もしかしたら中山部長に報告したことを根に持ってんのんか。いくらわしかてまったく報告せんわけにはいかんやろ。けつの穴の小さいやっちゃなあ」

「ちょっと！　女性に向かって『けつ』はないでしょう！　ともかく、つべこべ言わずに来ること。13時半、例のカラオケボックスで待ってるから」

「しゃあないな、行ったるわ。けど部外ミーティングに出るからには、部長の許可が要るんや。目的は何て言うたらええねん」

「ピクシーのマーケティング戦略立案に、意見を求められてるとでも言っておけば。間違っても仕様変更なんて言わないでね」

「わかりましたと。どうせやったら、昼メシでも一緒に食わんか」

「だめだめ、こっちは忙しいのよ。ようやく戦略が見えてきたんだから。少しでも時間があれば、午後のミーティングまでに詰めておきたいことがいくらでもあるの」

「なんや、お前、本気でピクシーを売る気なんやな」

「当たり前じゃない。私だって大田電子の社員だよ」

「ふ〜ん。ちょっと見直したわ。ほな1時半やな」

「待ってるわよ」


川越とメッセージのやり取りを済ませると理子は、ピクシーとiPod shuffle、iPod touchを対象としたSWOT分析に取り掛かった。SWOTとは強み(Strength)、弱み(Weakness)、機会(Opportunity)、脅威(Threats)の略である。分析はマーケットの現状、自社が狙う顧客などを勘案しながら、この四つの要素を思いつく限り書き出すことからはじめる。

よく誤解されがちなのが、ＳＷＯＴ分析といいながら四つの要素をひと通り書き出して、それで終わりとしてしまうことだ。それだけでは単なる事実の抽出であり、分析とは呼ばない。

ＳＷＯＴ分析の本質は、その先の作業にある。単に強み弱みをリストアップするだけでは、意味がないのだ。強みと機会を掛けあわせて考えた時、どんな戦略を取るべきなのか。ここに勝機がある。どうすれば勝てるかを検討することこそが、ＳＷＯＴ分析のエッセンスである。

もちろん考えるべきは強みと機会の掛け合わせだけではない。強みを活かすことで、自社に脅威となっている状態をクリアできるのか、仮に弱みがあったとしても、機会を活かせば勝機はあるのかを見出すことも必要だ。仮に競合と比べて自社の弱みがどうしようもなく、自社にとっての勝機がないと予想される場合は、撤退も選択肢となる。

３Ｃ分析、ＳＷＯＴ分析など分析といえば、マーケティングコンサルタントが、膨大な調査やシンクタンクのレポートを元にまとめ上げるものとイメージされるかもしれない。しかし、本来やるべきは、顧客を知り、自社を理解し、競合の動きを注視しているる自社スタッフによるブレストだ。営業、開発、マーケティングとそれぞれ異なる視点からの分析が、思わぬアイデアをもたらしてくれることもある。

「みんな、揃ってるみたいね」

いつものカラオケルームに入ってきたのは、結局理子が最後だった。今日の理子は、考える日のスタイルである。要するに、社外に出て人と会うことを、まったく考えていない格好だ。ダボッとしたグレーのトレーナーに、ジャージ素材の黒のパンツ、髪はいつものようにわざとなのか、寝ぐせなのか、よくわからないはね方をしている。

「言い出しっぺが遅刻してどないすんねん」

川越が突っ込んだ。

「ごめん、ごめん。どうしてもお腹が空いちゃってさ。コンビニでウィダーインゼリーをひとつ、飲み込んできたんだ」

「福島先輩、大丈夫ですか。目の下、真っ黒ですよ」

「大丈夫よ。大沢くんは初めてだよね、このでっかいのが開発部の川越くん。で、この先輩思いの心優しい青年が大沢くん。彼は我々ピクシーチームの救世主よ、とっても頼りになるんだから」

「我々のチームって、わしはそんなもんに入った覚えはないで」

「まあまあ、川越もそう突っ張るなよ。ここにいるメンバーは全員、ピクシーが売れることを願っているんだから」

菊池が場をとりなした。その間に、理子がMacBook Air[20]を部屋のモニターにつなぐ。画面にはKeynote[21]のスライド一覧が映し出されていた。朝から理子が整理してきた、さまざまな分析だ。

⑳ MacBook Air
アップルが開発・販売するノートブック型Macintoshのシリーズ。ボディはアルミニウム製で、きわめて薄型であることが特長。

㉑ Keynote
アップルが開発しているプレゼンテーションソフトウェア。

「なんや菊池は理子の味方なんか。まあええわ、今日はほんまは何するつもりやねん」

「開発部の川越ちゃんから意見を聞かせてもらうというのは、嘘じゃないんだ。正直な意見をぜひ、聞かせてもらいたいと思っているの」

「今さら何をやねん」

「まず、おさらいから始めたいんだけれど、いいかしら。ピクシーはiPod shuffleと同じぐらい小さいボディに、アイリバーのT9を超える機能を盛り込んだ。ここまではいいね」


理子は1枚目のスライドを拡大してみせた。ピクシーの仕上がり予想図とスペックが記されている。スペックは表にまとめられ、iPod shuffle、T9との違いがひと目でわかるようになっていた。


「何回言わすんや」

「強化プラスチックを使っているから軽くて丈夫、本体を見なくても操作できる人間工学に基づいたユーザビリティが売りね。ブルートゥース対応、メモリーはiPod shuffleの8倍、それにカメラまで盛り込まれていて4200円。間違いないわよね?」

「ピクシー」と競合製品の違い

	iPod shuffle	T9	ピクシー
容量	2GB	4GB／8GB	16GB
録音	なし	あり	あり
ラジオ	なし	あり	なし
カメラ	なし	なし	あり
無線（ブルートゥース）	なし	なし	あり

「それのどこに不満があるんか、わからんわ。この間はiPod shuffleには勝てへんなんて、お前らに釣られて言うてしもうたけどな、そんなことないで。これを出せば、買ってくれるお客さんは必ずいるはずや」

「私もそう思うよ。だから戦略を考えようと言ってるの」

「ほな、なんかええアイデアでも浮かんだんか？」

「そこは、これからのお楽しみね」


理子が思わせぶりな笑みを見せた。


「菊池くんは、どう思う？　我がピクシーは、今のままで売れると思う？　懇意にしているバイヤーの顔を思い浮かべて、想像してみて欲しいんだ。彼らが、菊池くんのセールストークを聞いて、どんな顔をするか」

「う～ん、どうだろうなあ。これまでのつき合いがあるから、一応扱ってくれるとは思うけどね。でも、一番いい棚は無理だろうな。残念だけれど、うちはブランド力がないからな」

ため息交じりに菊池がつぶやいた。

「おいおい、せっかくのすばらしい製品をブランド力がないから売れへんとは、ちょっと聞き捨てならんで。肝心の営業部隊が最初っから、そんな弱気でどないすんねん」

「まあまあ、ちょっと落ち着いてよ。そこを強気になってもらうために集まったんじゃないの。もう少し冷静に考えてみようよ」

理子は、ピクシー、iPod shuffle、T9のスペックシートを拡大した。

「まずiPod shuffleとの比較からね。ピクシーの強み、弱みをアトランダムでいいから挙げてみようよ。そこがきっと突破口になると思うんだ」

「それは何回も言うとるやないか。強みは、軽量、ユーザビリティ、ブルートゥース対応、メモリー容量、カメラ機能や」

「営業担当の俺から言わせてもらうと、それでは、少なくとも家電量販店の店頭での強みにならないと思うんだよ」

「私もそう思うのよね。そこで店頭を知る菊池くんに聞きたいんだけれどさ、ピクシーの弱みってなんだろう？」

「まずブランドだな、これが決定的に大きい。次は、言ってもしかたがないことだけれど、うちには iTunes Store[22] がない。音楽を手軽に聞きたい人にとっては、これも致命的な弱みになる」

「ほんなら、うちも iTunes Store みたいなもんをやったらええやないか、とは言えへんな。曲の入手方法は確かに辛いところや。そやけどＴ９よりは簡単に録音できるで」

「川越ちゃんにひとつ聞きたいんだけどさ、肝心の音質はどうなのよ。ピクシーは iPod shuffle に勝てるの」

「そんなもん、おまえ、音質なんて聞く人次第やないけ。ええと思て聞いたら、よう聞こえるんや。ピクシーかって、そんなに悪ないで」

「川越さん、悪くないということは、それほど良いわけでもないということですか？」

ここまで先輩たちのやり取りを、半ばあっけにとられるように聞いていた大沢が、初めて口を開いた。しかも、最初のひと言が、川越にとっては結構、挑戦的なセリフである。

「なんや、こいつは。しょうもないとこに突っ込んでくる奴やな」

「いや、大沢くんが言っているのは、本質的に重要なポイントなんだよ。ピクシーは音楽を聞くための道具でしょう。それなら、まず音質で勝負しないでどうするのよ」

「ああ、確かにそやな。たぶん、最後はそこを突かれると覚悟してたよ。ピクシーの値段は、iPod shuffleと同じや。同じやけど原価は一緒やない。アップルは仕入れ量が半端やないから、強烈なボリュームディスカウントが効くんや。なんせ、パーツの発注量が二桁は違うやろうからな。パーツメーカーとしても、アップルの言うことやったら逆らえへんわ」

「どういう意味よ？」

㉒ iTunes Store
アップルが運営しているコンテンツ配信サービス。音楽のほか、動画、映画、アプリケーションなどがダウンロードで購入できる。

「音質に関わる部分のパーツに、アップルはカネかけてる。はっきり言うと、音質ではかなわんのや」

「おいおい。それじゃ、余計に量販店を説得しにくくなるじゃないか」

菊池が額に落ちてきた前髪をかき上げながら言った。


「そやからやないか、他の機能をてんこ盛りにしたのは。携帯音楽プレイヤーに関しては後発やけど、うちには電子機器の開発で培ってきたルートがある」

「だからブルートゥース対応ができたり、カメラ機能を搭載できるわけですね。これはこれで**弱者の戦略**[23]として正解じゃないでしょうか、福島先輩？」

「弱者の戦略って、えらい言われようやな。菊池は後輩教育がちょっとなってないのとちゃううか」

「大沢はそもそも俺の部下じゃないし、大学ではマーケティングを専攻してきたエリートだからな……」

「なんや、どうも感じよ〜ない奴やと思たら、理子の同類かい」

「ちょっと話がそれてきたわね。今やっているのは、開発部や川越ちゃんを責めるためのミーティングじゃないの。ちょっと冷静になってさ、ピクシーの強み・弱みを書き出してみようよ」

理子は、ここまでの話で出てきたピクシーの強み・弱みを打ち込んでいった。細くてしなやかな指がキーボードの上を駆け巡る。リターンキーを右手の薬指で押すのが、理子の癖だ。

「まとめれば強みは、iPod shuffleにはない機能を搭載していることよね。ただ、これは弱みにも直結しているんだな。純粋に音楽を聞くことを判断基準とすれば、音質や楽曲の入手法などが弱みになっちゃうもんなあ。大沢君、何か意見はある？」

「たしかに携帯『音楽』プレイヤーとしては、iPod shuffleが有利ですね」

㉓弱者の戦略
ランチェスターの法則の応用。競合と比較して力の劣る存在（弱者）は、ひとつの特殊な分野（ニッチ市場）に特化することで、強者の隙を突いて差別化することが可能になる。

「菊池くんは？」

「右に同じってとこかな」

「川越ちゃんはどう思う？」

「悔しいけど認めるしかないようやな。菊池の言うように、量販店では二番手にしかなれんわ」

「ぐっとシビアに判断するなら、二番手も厳しいというのが本音よね」

「お前はほんま、かわいい顔してるくせに、人の傷口に塩を塗りこむようなことを平気で言うやっちゃな。小悪魔とはお前みたいなヤツのことを言うんやろな」

「いやいや、これからよ、本番は。きっと勝機は見つかるはずなんだ。何か飲み物でも取ってきて、ちょっと一休みしようよ」

見つかった勝機

理子は部屋を出て、フリードリンクのコーナーに向かった。

理子はホットコーヒーに砂糖をたっぷり入れ、スプーンでかき回していた。こんな甘いモノを飲んで、よく太らないものだ。暑がりの川越は、氷をたくさん入れたコーラを手にしている。

「ここで、ちょっと考えてもらいたいことがあるのよね。川越ちゃんさ、この大沢くんがまとめてくれた、超軽量ヘッドフォンのレポートを読んでくれない」

「なんや、いけ好かん奴やと思たら、レポートとか書いて、やってることまでお前と一緒やないかい」

「そう言わずに読んでみろよ。俺も読ませてもらったけど、確かによくまとまってるよ」

「菊池も理子とはグルやからな。どうせ何言うても、ここでは3対1で敵わへんわ。はいはい、読ませてもらうわ」

川越は、大沢レポートを読み始めた。読み進むに従って、中身に引き込まれている様子が伝わってくる。時おり、うなずきながら川越はレポートを読み終えた。

「ふ〜ん、なるほどな。超軽量ヘッドフォンが、予想以上に売れた理由は、新しい販路が見つかったからか。ほんで、それは企画担当者の理子でも予測外やったちゅうわけや。お前が大沢くんに足向けて寝られへん、いうことはよ〜わかったわ」

「川越ちゃんは、朝、皇居の周りに行ったことある？」

「なんで、わざわざ、そんなとこに寄り道せなあかんねん」

「あそこでは毎朝5時ぐらいから、たくさん人が走ってるの。大沢くんも走ってるんだよね？」

「ほとんど毎日、走っています」

「なんや、お前らみんなでマラソン同好会でも立ち上げるつもりなんか」

「いや、俺は川越と一緒、無精組だよ。ただマラソンブームは、考えようによっては、俺たちにとって追い風要因となる可能性があるんじゃないか」

「菊池、それは甘いで。ヘッドフォンが売れたからていうても、プレイヤーが同じように売れるとは限らんやろ。なんやかんや言うてもヘッドフォンはな、所詮アクセサリーみたいなもんや。メンテナンス不要というか、店先に並べておいて売れたら、それでしまい。売る側になんの負担もいらん」

「それはわかってる。川越の言う通りだよ。ピクシーはヘッドフォンじゃなくて音楽プレイヤーだから、販売時には説明が要るだろうし、クレーム対応から、故障時のサポートまで求められる。たしかに家電製品だからスポーツショップが扱うかといえば、疑問だな」

理子がメガネのフレームを、すっと持ち上げた。何か思いついた時の癖だ。

「みんなの言う通りね。だから iPod shuffle や iPod touch を扱うスポーツショップはない？」

「当たり前やないか」

「いい、もう一度言うからよく聞いてね。iPod shuffle や iPod touch を扱っているスポーツショップはないのよ」

「しつこいやっちゃなあ。そやからピクシーもスポーツショップなんかでは売れへんのや」

「ちょっと待ってください。スポーツショップに iPod shuffle はないわけですね」

「その通り、大沢くんは気づいたかな？」

「なんとなく見えてきました。要するにスポーツショップにアップルブランドはないわけですね」

「そういうこと」

「なんやねん、お前ら2人だけでわけのわからん話して。それとも何か、マーケティングを極めたもん同士だけが、わかることがあるんか」

「いや、これはマーケティングというより戦略論ですよ、川越先輩」


大沢がニコニコしながら言った。


「お前なんかに先輩呼ばわりされたないわ。しかも戦略やと、なんやねん、それ」

「弱者は、強者とまともに戦ってはいけない。**ランチェスター理論**[24]です」

「お前は、とことん弱者が好きな奴やな」

「ちょっと待って。冷静に考えてみようよ。アップルとまともにぶつかっては勝てないわ。それは川越ちゃんも認めるよね？」

「しゃあないやないか。音質では逆立ちしても勝てへんのや。そやけど、それは決して技術力の差やないで。単に仕入力の問題や」

「だったら音質で勝負しなければいいのではないでしょうか？」

「菊池、この理屈っぽい後輩、何とかせえよ。一体どういう意味やねん、それは」

「福島先輩が考えておられるのは、セールスポイントを変える、ということではないのでしょうか」

「その通りよ」


ここまでじっと腕組みをして考えにふけっていた菊池が、話に割り込んできた。

「ちょっと待てよ。理子と大沢の2人だけで話していないで、俺たちにもちゃんとわかるように説明しろよ」

「ごめん、ごめん。じゃSWOT分析に従って、話を整理してみるね。まずピクシーの強み、これはもう確認しなくていいよね。弱みがブランド力の差と音質であること

㉔ランチェスター理論
1914年にフレデリック・ランチェスターによって発表された戦闘のモデル。それを経営学やマーケティングに応用したもの。強者の戦略と弱者の戦略がある。強者の戦略とはさまざまな領域に手を出し、隙を突いてこようとする弱者の攻撃を防ぐことを意味する（弱者の戦略はP93参照）。

も了解済みと。そこでOpportunityとThreats、機会と脅威を考えてみたいんだ」

「音楽を聞く人がたくさんいること、これは当たり前のことだけど、機会になるな」

「じゃあジョギングブームはどう？　何か追い風要因とはならないかしら？　大沢くん、どう思う？」

「走っている時でも音楽を聞きたい人は、確実に増えていますね。だから、うちの超軽量ヘッドフォンをスポーツショップで扱ってもらえるようになったわけですから」

「なんか、お前らの話聞いてるとイライラするわ。なんぼ走る時に音楽聞く人が増えてるいうても、スポーツショップではiPod shuffleはもちろんT９も扱ってへんのやで。そんなもんが追い風になるわけないやないか」

「川越ちゃん、ここが考えどころなんだよ。アップルはどうしてスポーツショップを販路と考えなかったんだろう？」

「そんなもん、アップルは家電量販店でダントツに売れてるんやから、わざわざ苦労して新規開拓する必要なんてないやろ」

「ということは、アタックさえしていない可能性がありますね」

「そうはいうけどさ、大沢、だからといって売りに行けばいいって、もんじゃないだろう」

ピクシーの SWOT 分析

Strength
強み

- 軽量
- ユーザビリティ
- ブルートゥース対応
- メモリー容量
- カメラ機能

Weakness
弱み

- ブランド力が弱い
- iTunes Store がない
- アップルより音質が良くない

Opportunity
機会

- ジョギングブーム
- 健康志向の強い団塊世代のリタイヤ

Threats
脅威

- スマホの普及（携帯音楽プレイヤーの代替品が増加）

最初は、どちらかと言えばソファにふんぞり返っていた菊池も、いつの間にか前のめりになって話に加わるようになってきた。

「そこで川越ちゃんの出番になるの」

「わしが何するんや。まさかスポーツショップで店頭実演販売でもやれ、ちゅうんやないやろな」

「そんなことは考えてないよ。餅は餅屋だもん。川越ちゃんには、あと少しの製品改良というか、追加注文に対応してもらいたいんだ」

「冗談よしこさんやで」

「古!」「さぶっ!」

「なんやねん、こういう時だけハモりやがって。あんなあ、前にも言うたと思うけど、開発はもう最終段階で細部の詰めに入ってるんや。今さらマーケがややこしいことを言うてきても、部長が絶対はねつけるわ」

「そこをなんとかしたいから、川越ちゃんに来てもらったんじゃない」

「一体、何して欲しいいうねん」

「GPS[25]をつけるのって無理?」

「はぁあ〜？　アホかお前。そんなもん、別のパーツを組み込まな絶対無理や。これからまだ新しいパーツを組み込むようなスペースなんかないわ。ピクシーはな、それぐらい精密に組み立てられとんねん」

「じゃ、歩数計はどう？　モーションセンサが入っていれば、走る時の上下動で、歩数を測定できるんじゃないの」

「残念やったな。モーションセンサは入ってへんわ」

「タイマー機能とか、ストップウォッチは。これぐらいなら、何とかなるよね？」

「それぐらいならなんとかなるかもしれん。けどな、それでも今からの機能追加は、コストにも跳ね返ってくる。価格はどうするねん」

「もっと安くして欲しいわ」

「話にならんわ。そやから開発のことがわかってへん奴とは話したないねん。ええか、

㉕GPS
Global Positioning System の略。地球上の現在位置を測定するために用いられる衛星測位システム。カーナビや携帯電話などに搭載され利用されている。

何か追加したら、お金がかかるの。そんなん当たり前やないか。理子が言うてるのは、無茶苦茶やで。今日の話は口が裂けても部長には伝えられへんな。いや、こんなこと正直に部長に伝えたらと思うと、ほんま、お前の身が心配になってくるで」

「おい、ちょっと待てよ。川越、それはどういう意味だ？」

「中山部長はな、社長とごっつ仲ええねん。結局うちはモノづくりの会社やないか、そやから社長もモノづくりのトップを大事にしてはるんや。その中山部長に目ぇつけられてみい、理子の出世の道はがっちり閉ざされてしまうで」

「それは、俺にとっても痛いな」

「はあ？　なんでや」


意を決したかのように大沢が立ち上がった。


「皆さん、ちょっと落ち着きませんか」

「一番若造が、何を偉そうに言うとんねん」

「でも、福島先輩にはちゃんと考えがあるようですよ。先輩は極めて合理的に物事を考える人です。川越さんがおっしゃる通り、開発の最終段階で仕様変更をし、しかも追加機能を盛り込むとなれば、コストに跳ね返るのは当たり前です。そんなことをわかっていない福島先輩じゃないはずです」

「ほなら、何か。理子は、なんか目算があって無茶言うてるちゅうんかい。どやねん、理子。なんとか言えよ」

「ねえ、川越ちゃん、機能を追加してもコストを下げることは可能なんじゃないの」

「今まで何を聞いとってん」

「じゃひとつ聞きたいんだけどさ、どうしてアップルはうちよりも安くパーツを仕入れることができるわけ？」

「さっき言うたやんけ。ええか。アップルはむちゃむちゃぎょうさん仕入れるの。そやからね、仕入先に対して、こんだけぎょうさん仕入れるんやから、安うせえと強気に出れるんや」

「うちはピクシーの生産台数をどれぐらいで見積もってるのかな？」

「iPod shuffleがだいたい毎月10万台ぐらい売れてる。これをベースに考えたら、うちはせいぜい1万台がええとこやろ。年間では10万台が目標やと聞いたことがある」

「それならさ、年間15万台作ることにすればどうなの？　仕入れ量が1・5倍になれば、パーツメーカーに交渉できない？」

「そら、そうやけど……。理子の言う通りにやったら、年間15万台も売れるようになるっちゅうんか。デタラメ言うとったら、えらいめに遭うで」

「デタラメなんかじゃないわよ。裏付けはこれから取っていく必要があるけど、決して不可能な数字じゃないわ。そもそも年間10万台という数字は、うちの既存ルートでの販売をベースにした数字でしょう?」

「そうや。他にどっか売り場があると言うんか?」

「あるよ。ここから先は、菊池くんと大沢くんにも頑張ってもらう必要があるけど」

「何となくわかってきましたよ、福島先輩の考えていることが」

「俺はまだよくわかんない。ちゃんと説明してくれよな」


カラオケルームでのミーティングは、その後もしばらく続いた。最初はまともに聞く耳を持たなかった川越も、いつの間にか納得させられた様子だ。その川越には、これから中山部長説得という重大任務が課せられた。はたして、理子が考えた新しいマーケティングプランは日の目を見るのだろうか。

「SWOT 分析」は戦略立案ツール

環境分析

- 自社を取り巻く環境を精査
(PEST分析、3C分析、5F分析、VC分析、SWOT分析)
- 自社にとっての「市場機会」を明確にする
- 機会をつかむための「市場課題」を浮き彫りにする

戦略の方向性が決まる！

戦略立案

- 市場を細分化する（Segmentation）
- ターゲットを明確に設定する（Targeting）
- 自社をどのようなポジションで訴求するかを決める（Positioning）

具体的な戦略が固まる！

施策立案

- Product（製品）
- Price（価格）
- Place（チャネル）
- Promotion（販促）

「4P」(何を、いくらで、どこで、どう売るか)が決まる!

マケ女《ジョ》・理子のマーケティング解説3

すべてはファクトの抽出と分析から始まる

PEST分析、3C分析から始まり、5F分析にVC分析、SWOT分析など。マーケティングをプロセス通りに進めようとすると、いろいろ分析をやらなければならない。そんなの素人にはとても無理。

なんて、誤解をしていませんか?

PEST、3C、5FにVCまでは、いずれも「分析」と名前にはついているものの、実態は調査です。「調査なんてプロのリサーチャーじゃないとできない」わけじゃありません。

調査くらい誰でもできます。ポイントは次の二つだけ。まず一点は、ビジネスマインドを持っていること。つまり自社が置かれている状況や自社製品やサービスに、関心を持つことです。

もうひとつは、意識してファクト（情報・事実など）を集めること。といっても、何とか研究所が出しているような、何十万円もする特殊な調査報告書を読め、というわけではありません。

新聞（日本経済新聞ともう一紙ぐらい）を読みましょう。隅から隅まで読む必要はありません。ざっと見出しを眺めて、自社に関係ありそうな記事だけを読めば十分です。資料として役に立つと思えば、切り取っておいてください。

ビジネス・経済系の雑誌を一誌、定期購読してもいいし、毎週違う雑誌を一誌買うのもありです。そしてネットで、信頼できそうなブロガーの記事や、各シンクタンクが定期的に配信するマーケット分析レポートなどを流し読みします。営業会議で報告される顧客や競合の動向などは、忘れずにチェックしておきましょう。

これらが貴重なファクトになります。ふだんから、こうしたさまざまなファクトに触れていると、頭の中に引き出しが自然にできてくるもの。一度、引き出しができてしまえば、あとは何か記事を目にするたびに、意識しなくとも得た情報が収まるべき引き出しに収納されます。これが人間の頭のすばらしいところで、ここまでが分析その1です。

分析その2。たくさん人を集めて、各自が見つけたファクトを出し合いましょう。自由なミーティングで、たとえばPESTについてのファクトを出します。「最近の政治の動きで我が社に何か影響がありそうなことは?」「少し円安に動いているけれども、これが進むと海外からの材料調達にどう響くか?」「スマホの所有率がいよいよ4割に達して、去年から倍になったけれど、これは?」といった具合です。

競合やお客様の動向についても、気になることをリストアップします。競合が出した新製品の売れ行きは、当社の製品と違いはどこにある、ターゲットは誰なんだろう、自分がお客さんだったら競合製品は魅力的に思うかどうか、など。「それ、ちょっとおかしくない?」はご法度です。どんなファクトが出てきても「へえ、そうなんだ」くらいに受け止めて、とにかくたくさん書き出すのがコツです。

ファクトを全部書き出したら、今度はみんなで整理します。「これって本当かな？」「こんなことになったらヤバイね」なんて言いながら、書きだした項目を分けていきます。分けるときの基準は次の四つ。

これは我が社の強みなのか、それとも弱みなのか、この状況は我が社にとって追い風となるのか、それとも逆風なのか。分けること、すなわち分析です。分析その2で大切なのは、ファクトをできるだけたくさん集めてきて、それを分類することです。たくさん集めるのだから、1人より大勢でやったほうがいいし、分類するときにも可能な限り複数の目で見ましょう。

このリストアップ&分類作業の大きなメリットは、やっているうちに参加メンバーの問題意識が活性化されることです。同じテーマ（自社・自社製品・自社サービス）について、自分が知らなかった情報に触れ、自分とは違うものの見方に接することで、脳は極めて心地よい刺激を受けます。

しかも、作業を通じて、ごく自然な形でメンバーの間に、一定の共通認識が形成されていきます。ファクトをリストアップしているはずなのに「これについては、こう対処したらいいのでは？」といった発言が出てくればしめたもの。

マーケティングのキモ、STPは、もうすぐ先に見えています。

フレームワークはSWOT分析でまとめる

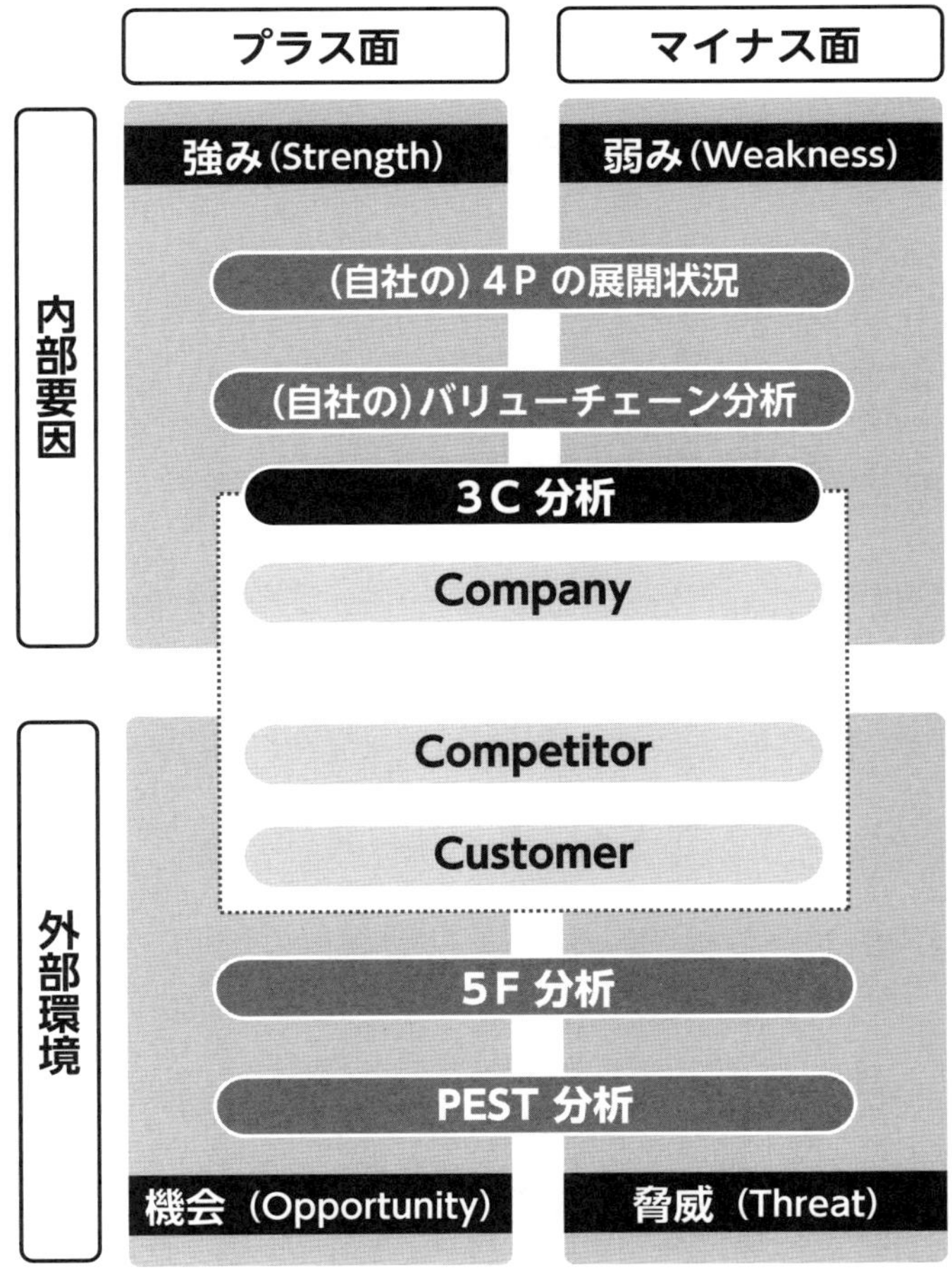

成功するべくして成功した国内最少人数の超豪華高速バス

海部観光『マイ・フローラ』の勝因を徹底分析

幅70センチ、奥行き1・3メートルもあり、リクライニングで155度まで倒せる座席。木製の間仕切りとカーテンで通路から区切られた個室空間には電源とテレビが完備され、着替えができる化粧室もある。と書けば、飛行機のファーストクラスかと思われる方もいるでしょう。

ところが、これが実は高速バス、それもたった1万3000円で乗れるのです。東京と徳島を結ぶ海部観光の『マイ・フローラ』は、大型バス1台を改装し、横2列、前後6列とわずか12席の超豪華バスに仕立て上げました。乗車口で靴を脱ぎ、専用スリッパに履き替える豪華バスは、東京から徳島までの約9時間、ゆったりと寝ていくことができます。

そのコストパフォーマンスの高さが人気を集め、週末などは予約を取りにくいマイ・フローラ。多数のメディアに取り上げられると同時に、旅行好きやバスマニアたちのブログにも盛んに取り上げられています。運営会社の海部観光のPR効果も抜群、もしかしたら、本当の狙いは話題作りかとも思えるほどです。

マイ・フローラはどのような状況の下、どんな顧客を狙って企画されたのでしょうか。

マクロ環境でみれば（PEST分析）、法制面では、2000年の規制緩和により高速バスが自由化されています。リーマンショック以降のデフレ不況により、企業が地方拠点を閉鎖する動きがあります。もちろん不況の影響により、個人の旅行者も少しでも安い運賃を求めています。

ミクロ環境はどうなっているでしょうか（3

マイ・フローラの車内

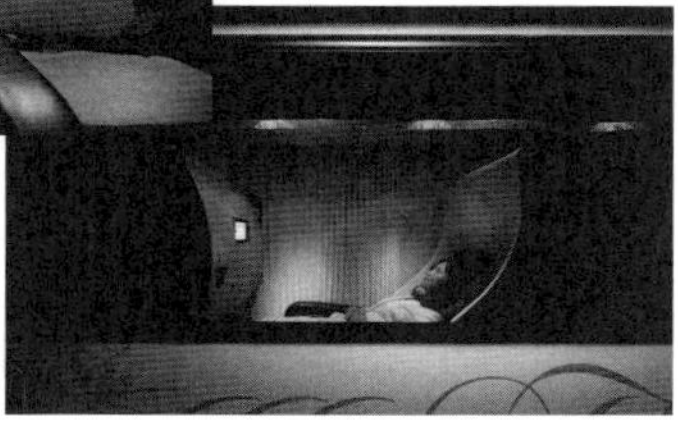

C分析）。東京＝徳島の移動手段としては、飛行機、鉄道、バス、船の四つがあります。飛行機は正規運賃なら片道でざっと3万円、所要時間は1時間あまりです。新幹線のぞみと在来線特急を使えば1万8000円前後、時間は6時間20分あまりかかります。高速バスではJR四国バスのドリーム号が1万円、これに2300円プラスすればプレミアムシートに座れます。乗車時間は、ほぼ10時間です。オーシャン東九フェリーは、2等の1万50円から特等の2万7680円までを選ぶことができますが、所要時間はさすがに長く19時間20分（東京発日曜の便）です。

　ユーザーの状況もいろいろありそうです。ビジネスユースの場合、出張が急に決まることが多いために、飛行機の早期割引は使えません。だからといって高速バスでの出張を命じると、深夜残業代を支払う必要があります。移動時間

マイ・フローラのSWOT分析

	プラス面	マイナス面
内部要因	**強み（Strength）** ● 飛行機ファーストクラス並みの居住性 ● 片道運賃1万3000円	**弱み（Weakness）** ● 飛行機に比べると移動に時間がかかる ● 事前に予約が必要
外部環境	**機会（Opportunity）** ● 規制緩和により高速バスが自由化 ● リーマンショック以降のデフレにより、企業が地方拠点を閉鎖 ● 不況の影響により個人旅行者も安い運賃を求める ● 単身赴任者の帰宅ニーズ ● 時間にゆとりのある団塊世代の旅行ニーズ増加	**脅威（Threat）** ● 格安航空会社の台頭 ● ANAも早期割引

も含めた費用対効果を考えるなら、正規運賃で飛行機を使うのが通常でしょう。

他にビジネス系ユーザーで考えられるのが、単身赴任者の帰宅ニーズです。単身赴任者の帰宅交通費の企業負担は、せいぜい月1回程度でしょう。ところが子どもが幼い場合などは、最低でも月2回は顔を見たいのが人情というもの。少しでも安くあげたい、とはいえ往復で疲れるのもつらい。ここにマイ・フローラがフィットします。

個人旅行なら、飛行機を使う（ANAの早割などを使えば、1万円前後にまで抑えることが可能）手もあるし、時間にゆとりがあるならマイ・フローラも選択肢となるはずです。飛行機の早割以外、どれと比較してもマイ・フローラのコストパフォーマンスの高さは明らか。予約を取りにくいほどの人気を集めているのも当然といえそうです。

Part 4
ターゲットを絞れ
差別化を明確にするＳＴＰ

開発部・川越を巻き込んだミーティングでは、なんとかメンバー全員の合意が取れました。ピクシーに新たな機能を追加する一方で、価格は下げる。開発の最終段階に差し掛かっているタイミングで、理子が持ち出してきたプランは、開発サイドからすればありえない話のオンパレードです。当然、川越も最初は断固反対、話にもならないと聞く耳を持ちません。

しかし、理子の主張には一つひとつ、きちんとした裏付けがありました。価格を下げるために、生産量を当初計画比1・5倍と大幅に増やすことを条件として、パーツメーカーにボリュームディスカウントの交渉をする。パーツメーカーにとっては、利益率を少し削ることになっても、トータルの売上・利益額が増えるのなら、決して悪い話ではありません。

しかも、この期に及んでの仕様変更に関する理子のリクエストは、ただ単純に何かを追加して欲しいというものではなく、具体的なプランの裏付けがありました。そのヒントとなったのは、超軽量ヘッドフォンの予想外のヒットと、そのヒットを生み出した新しい販路から得たものです。

そもそも弱小メーカーの大田電子が、アップルと正面からぶつかっても勝ち目はありません。弱者には弱者なりの戦い方があり、その代表例である「ランチェスター戦略」には、何十年もの研究と実績の成果の裏付けがあるのです。これを使わない手はありません。ランチェスター戦略における「弱者の戦略」の基本は、次の5点に集約されます。

❶ 局地戦で戦う
❷ 一騎打ちで戦う
❸ 接近戦で戦う
❹ 一点集中で戦う
❺ 陽動作戦を展開する

理子の頭の中には、すでにこのランチェスター戦略をベースとしたプランが、ほぼまとまっているようでした。だから川越も、渋々ながら納得するしかなかったのです。とはいえ、社内闘争の本番はこれから。理子たちは開発部の中山部長を、どう説得するのでしょうか。

Part 4の登場人物

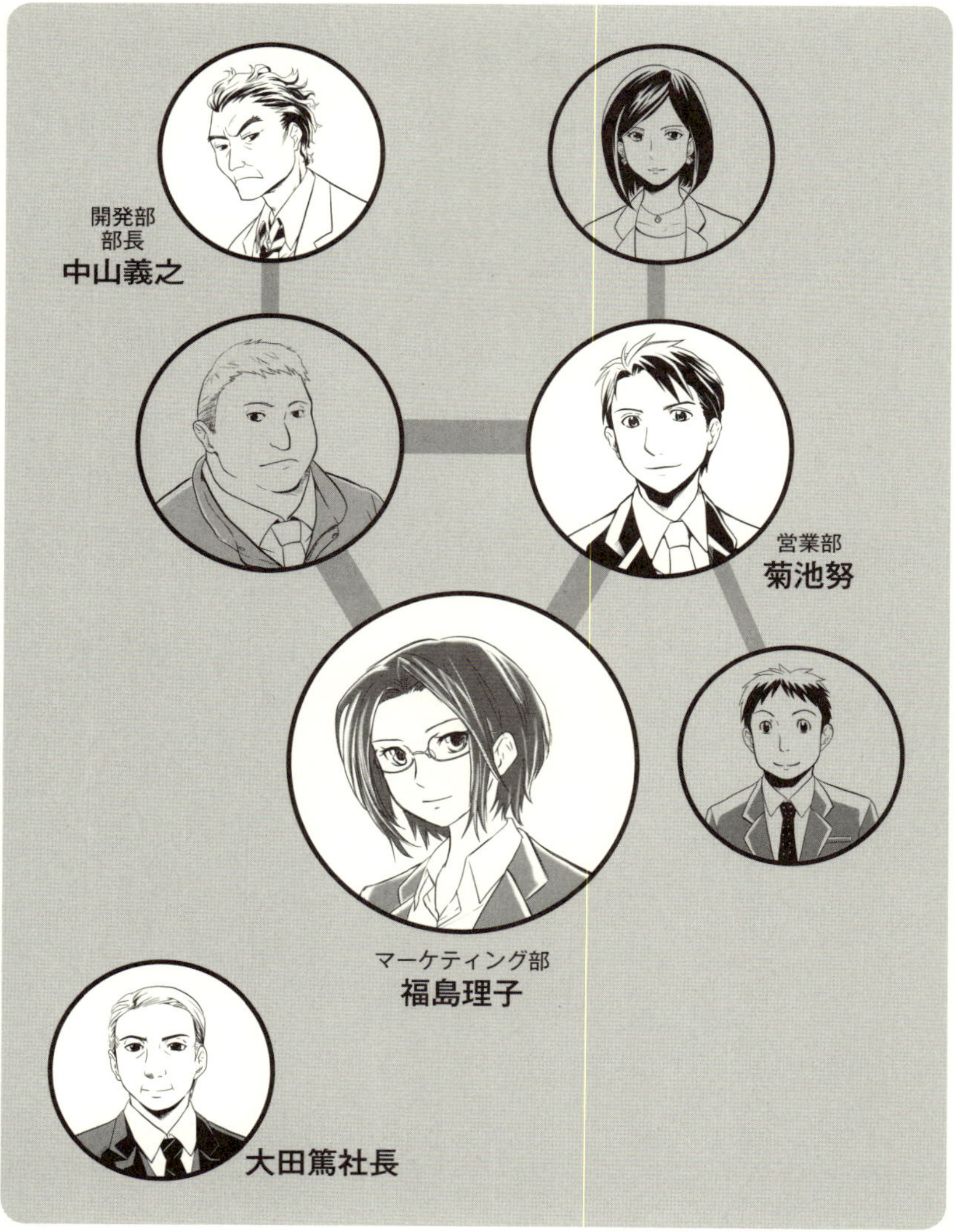

開発部
部長
中山義之
営業部
菊池努
マーケティング部
福島理子
大田篤社長

件名：	〈重要〉緊急会議招集のお知らせ
To：	マーケティング部・福島殿
From：	開発部・中山

出社したら、直ちに私の部屋に来ること

待ち受けていた試練

翌朝、理子がパソコンを立ち上げてメーラーを開くと、まっさきに目に飛び込んできたのは中山部長からのメールだった。本文には一行だけ、「来ること」と記されている。一昨日は、中山部長がマーケティング部の部屋に怒鳴りこんできた。今日も、おそらくは怒りに震えながらではあるのだろうが、そこは激情をあえて抑え込んだような一行だけのメールでの呼び出しである。

これは厳しい状況になったと、理子は覚悟した。感情に流されている人間に対処するのは、実はそれほど面倒なことではない。むしろ、相手が怒れば怒るほど、こちらは冷静になれるといってもいいぐらいだ。ところが、怒りをぶちまけるレベルを通り越してしまった相手はなんとも厄介至極である。

もちろん急な呼び出しは、昨日のミーティングを受けて川越が再度、部長に話をしてくれたからだろう。おそらく川越からの話を聞いている時に部長は一度、ブチ切れたに違いない。そして一晩かけて頭を冷やした結果、理子と冷静に対峙しようとしている。もちろん開発部トップとしての矜持があり、マーケティング部に対する積年のネガティブな感情も沸点に達しているに違いない。そんなことを思いながら、理子は開発部の片隅に設けられた、役員クラスとしては小ぢんまりとした中山の部屋をノックした。

「失礼します」

グレイのグレンチェックのパンツスーツに、薄いピンクのシャツを合わせた理子が、声をかけた。

「入りたまえ」

ドアを開けた瞬間、普段はあまり物事に動じない理子が身を固くした。狭い部長室には、中山部長のほかに大田《だいでん》社長がいたからだ。川越もいた。川越は、檻に閉じ込められた熊のように隅っこのほうででっかい図体をぎゅっと縮めている。

「福島君だったね。君のことは中山部長からいろいろ聞いているよ。今日はオブザーバーの立場で、君と中山部長の対面ミーティングに参加させてもらうことにした。あくまでもオブザーバーだから、僕のことはいないものとして話してもらって結構だ」

まず大田社長が声をかけ、すぐに中山部長が引き取った。濃紺にピンストライプの入ったスーツ姿の大田社長と対照的に、中山部長はいつも通り、少しくすんだ白衣をまとっている。

「確かあれは一昨日だったな。君がピクシーの開発に注文をつけてきたのは」

「はい」

「君は私に対して、面と向かって言い放った。『今の仕様のままでピクシーの開発を進めれば、売れない』と。あの言葉を撤回する気はないかね」

「お言葉ですが、私も決していい加減な気持ちでお話をしたわけではありません。お聞き及びかと思いますが、昨日もそこにいる川越さんを含め営業部とのミーティングを行なっていました。私も、来期の期待商品ピクシーには、それなりに期するところがあるのです」

「それなりにか……」

大田社長が呟いた。複雑な表情で理子を見ている。

「社長はオブザーバーの約束です」

「すまなかった、中山部長」

「さて、本題に入ろう。福島君、君はピクシーの開発がスタートした、そもそもの経緯を知っているのかね」

「いえ、そこまでは……」

「そうか。では、言っておこう。実はな、ピクシーは、ここにいる大田社長特命の新製品なのだ」

「まさか！」

「当の社長を目の前にして、いい加減なことを言うはずもない。川越君から聞いてなかったのかね」

「それは……（川越ちゃんたら、とびっきり大切な情報が抜けてたってわけね。まいったな）」

「携帯音楽プレイヤーのマーケットは、まさに二極分化の時代に入った。これが社長の読みだ。すなわちiPod touchに代表されるフルスペック・ハイクォリティタイプと、iPod shuffleのような、いわば入門編というか使い捨てとも考えられるタイプだな。この二つでは、当然価格帯が大きく異なってくる。君もマーケティングをお勉強したのならわかっていると思うが、趣味性の強い高価格製品ではブランド力がモノを言う。すなわち我が社がiPod touchのような製品を作ったとしても、アップルに勝てるわけがないのだ。これは確か君も同じようなことを言っていたような気がするが、違ったかね」

「いえ、おっしゃる通りです」

「だから社長は考えた。低価格帯ならどうだと。もちろん腐っても鯛、安くともアップルだ。iPod shuffle に勝つのは、そう簡単なことではない。そこで我が社が勝機を見出すとしたら、どうなる？　うちの強みは何かね？」

「技術力、ですか」

「さすがに、そこは否定しないようだな。だから我々はピクシーに、持てる限り、技術の粋を詰め込むことにした。iPod shuffle と同じというより、もっと軽量コンパクトなボディに、アップルが逆立ちしても盛り込めないような機能を詰め込むことに成功したんだ。何しろ社長の肝いりプロジェクトだからな、我々開発部の気合の入り方もちがう。そのピクシーを、福島君、君は真っ向から否定した。そうだな」

「返す言葉もありません」

「しかも昨日は、私の許可も得ずに川越君を引っ張り出して勝手なミーティングに参加させ、あげくの果てに仕様変更を持ち出したそうじゃないか」

中山部長の言うことには、いちいち筋が通っている。ここまでは、さすがの理子も反論の余地がない。すると、黙って聞いていた大田社長が口を開いた。

「オブザーバーの立場だが、あえてひと言いわせてもらうよ。福山君、うちは生粋のメーカーだ。これまでずっと技術力一筋で勝負してきた。それは君もわかっていると思う。ピクシーは、ここ数年でもっとも期待している新製品だ。僕はね、携帯音楽プレイヤーの市場は、まだまだ伸びると踏んでいるんだ。ユーザーの低年齢化が進んでいるからね。小学校高学年から中学生までのエントリーユーザー、それもどちらかといえば女の子を狙ったのが、今回のピクシーだ。なぜ、あえてカメラ機能を突っ込んだかわかるかい」

「いえ。私も不思議に思っていたところでした」

「彼女たちは、友だちと一緒に音楽を聞くことがよくある。そんな時にカメラがあれば、ちょっと写真を撮ったりして楽しめるだろう。だから中山部長に無理を言って、**トイカメラ**[26]機能をつけてもらった。録音機能をつけたのも同じ理由だよ。でも、こ

㉖トイカメラ
玩具のような素材、デザインで作られた、大衆、若年者向けカメラ。主にフィルムカメラ版を指し、デジタルカメラ版は「トイデジカメラ」と言うこともある。多くは映りを確認する液晶画面はなく、画質も低いが、その玩具的な手軽さと独特な写真の仕上がりから多くのファンを持つ。

れではピクシーは売れない。君はそう言うんだね。正直なところ、僕は困っている。君も聞いていると思うが、ピクシーの開発は最終段階に入っている。パーツメーカーとも細部条件の詰めに差し掛かっている。ここまでの話を聞いて、それでも君はピクシーは売れないと断言するかね」

「……」

理にかなった社長の言葉は重く響いた。うかつに答えることはできないと、理子は頭をフル回転させて言葉を探していた。

「どうなんだ、福島?」

さすがの理子も簡単には答えられない。

「私に対しては、あれほど無礼千万な態度と物言いができたくせに、社長の前では借りてきた猫を装うのかね」

「そんなつもりはありませんが……」

「それなら、何とか言ったらどうだ。今日、わざわざ社長に来てもらったのには、それなりのわけがあるんだ」

「おっしゃる意味がよくわかりませんが」

「ちょうどいい機会だから、はっきり白黒つけたいと私は思っているのだ」

「白黒つけるとは、どういうことでしょうか？」

「うちのような小規模メーカーに、頭でっかちのマーケティング部はいらない。私はかねてから、そう考えていたんだ」

「マーケティング部はいらない？」

「その通り。所詮、カッコつけるだけのマーケ部なんて、ただのコストセンターじゃないか。いや、そんなことを言うと、きちんと仕事をしている総務部に失礼だな。彼らもコストセンターなどと言われるが、総務部は企業組織を維持する上で、なくてはならない存在だ。それに比べればマーケ部なんてものは〝ごくつぶし〟でしかない」

「……………。ごくつぶし、ですか。そこまで言われるとは思いませんでした。社長も同じお考えなのでしょうか？」

「そこは中山部長とはいささか見解の異なるところでね。なにしろマーケ部を作ったのは僕だからな。僕は、たとえ技術力で勝負するメーカーといってもマーケティング能力は必須だと思っているんだ。ただし、必要なのはメーカーの重要セクションとしてきちんと機能するマーケティング部だよ。広告代理店と仲良くしてくれるだけのマーケ部なら、中山部長の言うとおり、要らない」

大田社長は、理子を正面から見据えて言った。

「お話はよくわかりました。では、私も腹をくくりますので、最後に意見を述べさせていただいてよろしいですか」

理子も大田社長を、まっすぐに見返して言った。

「最後とは、どういう意味かね」
「背水の陣で考えを聞いていただくということです」
「わかった。中山くん、ここはひとまず彼女の話を聞こうじゃないか」

弱者の戦略で市場を決める

「最初に私の基本的なスタンスをお伝えしたいと思います。我が社が取るべきは、弱者の戦略である。これが一貫した私の考え方です」

「それが気に入らないと言ってるんだ。なぜ、最初から自分のことを弱者などと言い訳するんだ。もちろん企業規模や売上では、アップルには敵わない。そんなことはよくわかっている。けれども、我々にはアップルにも決して引けをとらない技術力がある。そもそもiPhoneにしても、iPad[27]にしても、その中身のパーツはほとんどが日本メーカーのものじゃないか。そのことは知ってるのかね」

㉗ iPad
アップルによって開発・販売されているタブレット型コンピュータ。携帯メディアプレイヤーのiPod、携帯電話のiPhoneと共通した操作画面（インターフェースデザイン）を持つ。

自社の技術力に誇りを持っている中山部長は「弱者」のひと言に、瞬間的に過剰に反応する。

「わかっています。私は、我が社の技術力を否定したことは一度もありません。弱者という言葉がお気に召さないのなら、賢者の戦略と言い直します」

「では福島くんの言う賢者の戦略とは、どうなるのだね」

大田社長が、少し身を乗り出して聞いた。その表情には、何か面白がっているような趣きが漂っている。

「ひと言でいえば、ブルー・オーシャンで戦うことです。言い換えるならアップルがいる土俵では戦わないということです」

「それじゃ敵前逃亡じゃないか」

「お言葉ですが部長、超軽量ヘッドフォンのことを思い出してください。なぜ、あれはヒット商品になったのでしょうか。その理由は、従来とは違うマーケットを開拓できたからです」

「たしかマーケティング部主導で開発した商品だったな。中山部長が渋々開発に取り組んでいたことを思い出すよ」

意外にも、助け舟を出すかのように大田社長がつないでくれた。

「ありがとうございます。私は携帯音楽プレーヤーについても、根本的な価値構造を見直すことで、ブルー・オーシャンを見つけることができる、そう信じているのです」

「コトラーのいう価値の三層構造の話かね」

「はい」

「どういうことだ、私にもわかるように説明したまえ」

「中山部長は、最近カラオケに行かれたことはありますか？」

「くだらん。そんなことにうつつを抜かしているようなひま人じゃないんだ。開発部は夜もろくろく寝ないで、新製品開発に賭けている。広告代理店からしょっちゅうカラオケ接待してもらっているマーケ部とは、仕事に対する取り組み方が根本的に違うんだ」

「では部長、そこにいる川越くんも含めて、私たちが昨日どこでミーティングをしていたかご存じでしょうか？」

名前を出された川越が「もう、そのへんにしておけ」と目配せするが、理子は意に介す様子もない。

「どうして私が、いちいちそんなことを気にする必要があるのかね」
「我々が会議をしていたのは、近くのカラオケボックスです」
「お前たちは、そんな遊び半分の気持ちでミーティングをやっているのか。仕事をばかにするのもいい加減にしろ！」

落ち着きを取り戻した理子は、中山のトゲのある言葉にも、もうひるまなかった。むしろ相手が頭に血を上らせる姿を見せるほど、自分は冷静になれるタイプである。

「部長はご存じないのだと思いますが、今のカラオケは昼間の空いている時間帯にボックスを会議スペースとして貸し出しているのです」

「その話は僕も新聞で読んだことがあるな。たしか会議室だけではなく、楽器の練習ルームとか隠密プレゼンにも使われていると書いてあった」

「さすがは社長、よくご存じですね。ところで部長にお聞きしたいのですが、カラオケの価値とは何でしょうか」

「カラオケといえば、歌を歌うところに決まってるじゃないか。だから、カラオケを選ぶとしたら、どれだけたくさん曲を揃えているかが大事なポイントだろう。あとは部屋の快適さはどうなっているか、飲み物や食べ物の豊富さはどうかも合わせて判断するんだ。ついでに言えば防音も重要な要素だな」

中山部長は意外にもカラオケの事情に詳しいようだった。

「カラオケなど行かないと言われるにしては、よく知っておられますね。それはともかく、いま部長がおっしゃったいくつかのポイントから、歌を歌うことを取り除けばどうなるでしょう。防音がしっかりしていて、すわり心地の良いソファがあり、食べ物飲み物のサービスも充実している。さらにカラオケには大きなモニターもあります。あれにパソコンをつなぐことができればいかがでしょう」

「僕ならそこにホワイトボードでもおいて、会議室として使うことを考えるな」

「社長のおっしゃる通りです。ここで考えていただきたいのは、カラオケにとって昼間は完全なアイドルタイムであることです。なぜアイドルタイムになるかといえば、このオフィス街では昼間から歌を歌いに来る客がいないからです。では、空いているボックスを会議室として貸し出せば、どうなるでしょう」

「最近はコスト削減で自社内に会議室を持たない会社が増えている。会議室があったとしても、取り合いでなかなか予約できないとも聞く。カラオケで会議というのはあり得る選択肢だな」

「つまりカラオケは、少なくとも昼間のアイドルタイムに限っては、その中核価値を『気分良く歌えること』から、『気分良く会議できること』に変えたわけです。変えたといってもホワイトボードを入れたぐらいですから、追加コストはほとんどかかっていません。ただし、新たな価値を提供できることは、告知しています」

社長と、きちんと噛み合った話を続けることで、理子はさらに冷静になっていった。蚊帳《かや》の外に置かれた中山部長は、いかにも面白くなさそうな顔をしている。

「だから、カラオケが何なんだ！　いまはピクシーの話をしているんじゃないのか」

「その通りです。カラオケはほとんど何も変えることなく、新たな価値を創造し、同時に新規顧客を開拓しました。同じことがピクシーでもできるはずだと私は考えています」

「ピクシーの中核価値といえば、音楽を聞けることだ。だからこそ携帯音楽プレイヤーでもある。その中核価値を、そう簡単に変えることなどできるのかね」

「できると思います」

「社長……。今日はマーケ部というか、福島をとっちめる話になっていたはずですが……」


理子が、あまりにもきっぱりと言い切ったのを受けて、さすがの中山部長も少し弱気になったようだ。つい社長に助けを求めるような口調になっている。

「中山部長、それは目的を取り違えているよ。マーケ部が不要なら廃部にするが、それは何のためだね。ただ廃部にするだけなら意味がないじゃないか。企業活動の目的は付加価値を生み出すことに尽きるはずだ。少なくとも僕はそう思っている。マーケ部が不要かどうかは、付加価値を生み出してくれるかどうかで判断するよ」

社長の言葉に意を強くした理子が、すかさず続けた。

「ですから、ピクシーの中核価値を見直すことで、私はブルー・オーシャンを見つけたのです。まだ、うまく言葉にまとまっていませんが、要するに快適に体を動かすためのツールとして、ピクシーを捉えたいと思っています」

「今さらながらに、そんなくだらんことを言うのか、君は。それはあまりにも苦し紛れのセリフじゃないか。気に入った音楽を聞いていると、自然に体が動き出すのは誰でもそうだ。この私だってビートルズを聞いていると、いつの間にかリズムを取っていたりするるぞ」

「部長のお話、よくわかります。ただ、その場合は音楽が『主』で体を動かすことが『従』です。私はその主従関係をひっくり返すことを考えているのです」

「なんだとぉ！」

「おもしろいじゃないか、福島君、話を続けてくれ」

社長の顔には、微笑みが浮かびかけていた。

「たとえばフィットネスクラブでは、スタジオワークをする時には音楽がつきものです。あるいは皇居の周りを走っているランナーの7割が、音楽を聞いています。ここを狙うのです。つまりピクシーは携帯音楽プレイヤーではなく、運動促進のための携帯音楽ツールと考えるのです」

「なんとなく、わかってきたぞ」

「私にはさっぱりですが」

「整理すると、従来の携帯音楽プレイヤーは音楽を聞くためのものでした。だから音質にこだわります。当然、趣味性が強くなるのでブランド力が大きくものをいったわけです。でもピクシーは携帯音楽プレイヤーではありません。携帯フィットネスプレイヤーです」

「なるほど。中核価値は音楽を聞くことじゃない、そういうわけだな」

「その通りです」

「音楽を聞くことじゃなければ、一体何に使うんだ。私は納得できない」

話の流れから、どんどん置いてきぼりにされそうになった中山部長が、抗議するように口を挟んだ。これを軽く受け流した理子は、涼しい顔で言葉を続ける。

「もちろん音楽を聞くのです。ただし、音楽を聞くこと自体が目的なのではなく、音楽を聞きながら体を動かすことが主目的なのです。その意味では、iPod shuffle に勝るコンパクトさと使い勝手の良さは、我々にとって大きなアドバンテージになります」

「価格を下げたいというのも、iPod shuffle との違いを明確にするためかね」

「お察しの通りです」

「それなら逆の選択肢だってあると思うけれどな。iPod shuffle では得られない機能をピクシーは実現しているんだ。だから価格を上げても良いんじゃないか」

「それも考えました。けれども、仮に我々のピクシーが当たれば、アップルも同じ戦略を取ってくる可能性があります。それは避けたい。いずれ後追いされるとしても、最初に市場をがっちり抑えたいのです」

「市場を抑えるというが、そんな市場がどこかにあるのか」

何とか割って入る隙間を見つけた中山部長が、いらついた口調で噛みついた。

中核価値を変えれば新たなターゲットが見えてくる

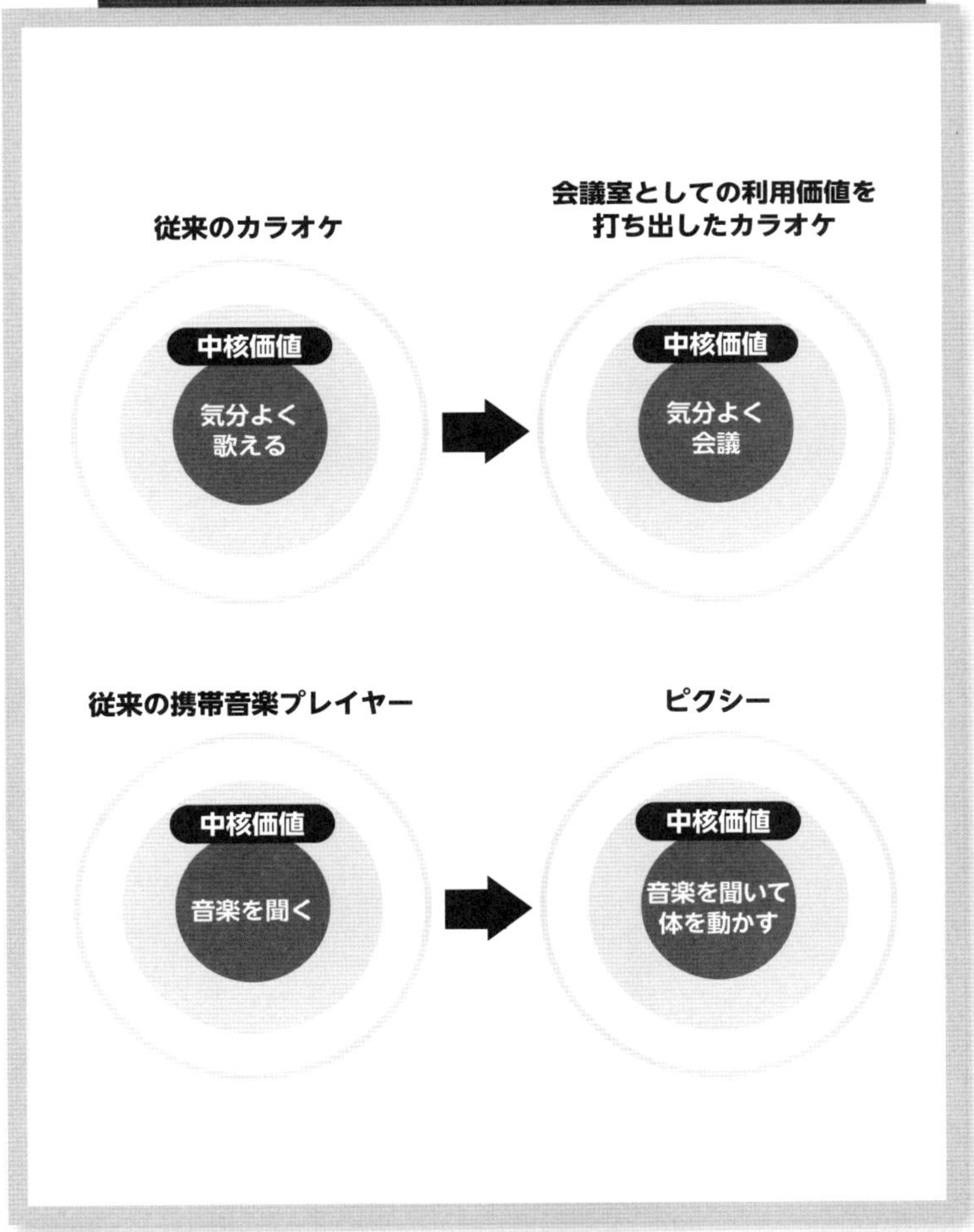

「あります」

「いい加減な話じゃないだろうな？」

「この期に及んで、そんなことは決して申しません。ヒントは超軽量ヘッドフォンでした。なぜ、あれがスポーツ用品店で売れたのか。そこにニーズがあったからです。では、そのニーズはどんな人たちのものなのか。スポーツをする人ですね。そう考えるとスポーツをする人が集まる場所があることに気がつきました」

「フィットネスクラブに目をつけたのかね？」

カンの良い大田社長が問いかけた。

「はい。ピクシーは従来の当社の販売ルートに加えて、営業部が新規に開拓してくれたスポーツ用品店ルート、さらにフィットネスクラブにもダイレクト営業をかけたいと考えています」

「そう簡単に新規開拓ができれば苦労はない」

「部長のおっしゃる通りです。だから、まず価格を下げたいのです。フィットネスクラブが新規顧客獲得にかける一人あたりコストを下回る価格提示ができれば、ピクシーを会員獲得ツールとして売り込むこともできます」

「その感じでは、そこそこ裏がとれているようだね」

今や大田社長は、明らかにうれしそうな表情を隠さずに言った。

「ええ。営業部で新規開拓部隊にいる大沢くんに、いまフィットネスチェーン大手を回ってもらっているところです」

「うちの川越にふっかけたもうひとつの無理難題、新機能の追加はどうなんだ？　一体どんな機能を入れろっていうんだ」

「できればＧＰＳが理想ですが、それが無理なことぐらいはわかっています」

「当たり前じゃないか」

「そこで、ストップウォッチあるいはタイマー機能はつけられませんか」

「福島君、ピクシーにはモニター画面がないんだ。そんな機能をつけても見ることができなければ意味がないだろう」

「でも社長、記録さえできれば、あとはパソコンとつなげばいいのではありませんか。運動記録を残すためには、ぜひこの機能はつけていただきたいのです」

「社長、タイマー機能はプログラムを組めば、それほど難しいことじゃないですよ」

意外にも前向きな言葉が中山部長の口から出てきた。

「部長、ありがとうございます。この機能があるとないでは、フィットネスクラブへのアピール力が違ってきます。今、部長はプログラムとおっしゃいましたが、曲やナレーションなどを**プレインストール**[28]することは可能ですか？」

「それもできる」

「では、オリジナルデザインはいかがでしょうか？」

「1デザインあたりの生産量と、どのレベルまでのデザインかによるな」

「なんだか、中山部長も乗り気になってきたみたいだな」

「社長、私だって自分が精魂込めて作った製品は、かわいくて仕方がないのです。一台でもたくさん売れて欲しい、そう心から願っています」

「ということは、中山部長も福島君の案を認めた、というわけだね？」

「まだ何となくです。もうひとつよくわからないところもありますが、少なくともフィットネスチェーンに持ち込む案は、可能性がありそうに思えてきました」

　ここまで来ると、もはや完全に理子のペースだ。理子は身を守っていたガードを外すように、スーツのジャケットを脱いだ。シャツの薄いピンクが頬をかすかに彩り、つやつやと輝いている。

「ありがとうございます。オリジナルデザインに関しては、色を変えることと各フィットネスチェーンのマークを入れていただきたいのです」

「それこそ生産量次第だな」

「最低どれぐらいまとめればよいでしょうか？」

「１０００台は欲しいところだ。まあ５００ぐらいからなら交渉はできると思うが」

「ありがとうございます。とりあえず、ここまでご協力いただければ十分です。すぐにでも大沢くんや菊池さんたちと販促営業戦略会議を開いて、具体的な営業戦術を作

㉘プレインストール
ＰＣや電子機器製品に対して、出荷前にソフトウェアをインストールしておくこと。

って行きたいと思います。社長、中山部長、本当にご協力ありがとうございます。私も、全力でピクシーを売り込みに回ります。何としてもフィットネスチェーンでのシェア3割を抑えたいと思います」

「3割とは大きく出たな。そんな簡単に、そこまでいけるのかね」

「固めで見積もっての目算です。何しろ今のところ、アップルもアイリバー社もフィットネス業界には目をつけていません。各社ともにシェアゼロからのスタート、まさにブルー・オーシャンが目の前に広がっているのです。スタートダッシュでどれだけ差をつけることができるかが勝負と考えています。フィットネスクラブを落とすにはインストラクターを味方につけることがカギです。その際には、ぜひ販促コストでのご協力をお願いします」

「わかったよ」

中山部長が大きく頷いた。

「STP」の明確化＝戦略

環境分析

- 自社を取り巻く環境を精査
  (PEST分析、3C分析、5F分析、VC分析、SWOT分析)
- 自社にとっての「市場機会」を明確にする
- 機会をつかむための「市場課題」を浮き彫りにする

戦略の方向性が決まる！

戦略立案

- 市場を細分化する（Segmentation）
- ターゲットを明確に設定する（Targeting）
- 自社をどのようなポジションで訴求するかを決める（Positioning）

具体的な戦略が固まる！

施策立案

- Product（製品）
- Price（価格）
- Place（チャネル）
- Promotion（販促）

「4P」(何を、いくらで、どこで、どう売るか)**が決まる!**

マケ女《ジョ》・理子のマーケティング解説4

マーケティングのキモはSTP

さまざまな分析で自社を取り巻く状況が見えてきたら、その次こそがマーケティングプロセスのキモ「STP」。セグメンテーション、ターゲティング、ポジショニングをしっかり考えましょう。

なんといっても、ここが一番おもしろい！

その代わり、産みの苦しみはあります。特にポジショニングは「これだ！」と言える決定的なアイデアは、そうそう簡単には出てきません。

だからこそ、頑張りがいがあるというもの。

まず大切なこと、STPはこの順番で考えていきます。最初がセグメンテーション、すなわちマーケットの中のどこに絞り込んで戦うのかを決める。セグメンテーションの切り口は、いくつもあります。男女、年齢などに代表されるデモグラフィック（人口動態的）な要素、居住地などジオグラフィック（地理的）な要素、さらにライフスタイルや価値観などのサイコグラフィック（心理的）な要素など。

すでにある市場を細分化する視点も必要です。たとえば、清涼飲料水市場で新製品を出す場合なら、茶系、炭酸系、コーヒー系、ミネラルウォーター系などの中の、どれに絞るのか。さらに茶系なら、緑茶なのか、それとも紅茶なのか、烏龍茶、麦茶など、もう一段の絞り込みを行な

「ペルソナ」でターゲットを具体化する

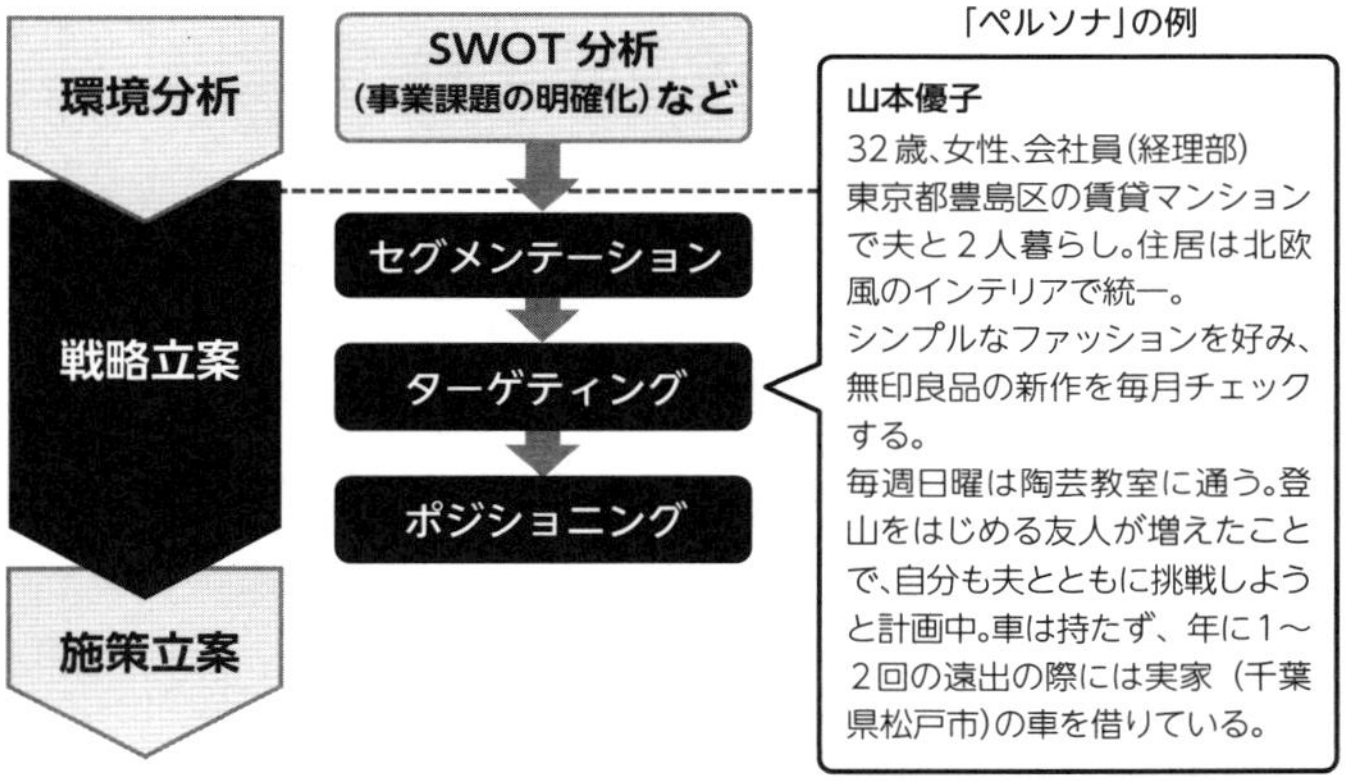
環境分析
戦略立案
施策立案
SWOT 分析
（事業課題の明確化）など
セグメンテーション
ターゲティング
ポジショニング
「ペルソナ」の例
山本優子
32歳、女性、会社員（経理部）
東京都豊島区の賃貸マンションで夫と２人暮らし。住居は北欧風のインテリアで統一。
シンプルなファッションを好み、無印良品の新作を毎月チェックする。
毎週日曜は陶芸教室に通う。登山をはじめる友人が増えたことで、自分も夫とともに挑戦しようと計画中。車は持たず、年に1〜２回の遠出の際には実家（千葉県松戸市）の車を借りている。

います。マーケットを絞り込むと、自社が戦うべき（＝勝てそうな）マーケットが見えてくることがあり、時には、これまで存在しなかった（＝ブルー・オーシャンとなる可能性がある）マーケットを見つけることもあります。

次がターゲティングです。基本的にはマーケットを絞り込めば、そこにどんなお客さんがいるかは見えてくるはず。その中で、自社が提供できる製品やサービスに対して、価値を認めてくれるのが誰なのかをはっきりさせるのです。ターゲットは、可能な限り具体化すべきです。

そのための手法が「ペルソナ」です。ターゲットと想定する人物に、それらしい名前をつけましょう。続いて、年齢・性別・職業・家族構成・居住地・住まい・インテリア・趣味・クルマ、ファッション・好きな食べ物・やっている遊びなどをきめ細かく設定するのです。

忘れてはならないのが、ペルソナが自社の製品やサービスを、実際に利用しているシーンをしっかりと思い描くこと。ペルソナが、自社の提供価値に納得する姿を確認できればＯＫです。

最後がポジショニング。マーケティングのキモはＳＴＰですが、そのＳＴＰの核心がこれ。ポジショニング次第で、すべてが決まるといっても言いすぎではありません。新製品開発でよく言われる「製品コンセプト」とはポジショニングのことであり、広告制作で求められる「クリエイティブ・コンセプト」もポジショニングによって決まるのです。

ポジショニングの目標は、どこにもマネのできない自社独自の魅力を、ひと言でくっきりと表現すること。競合との比較をさまざまな切り口から見て、自社の魅力を明らかにします。

必ず左ページのようなポジショニングマップを使って考えましょう。縦横の2軸で他社と比較し、自社だけが優れている切り口を探すのです。2軸を考えるときのヒントが、「顧客が買いたくなる理由」です。ターゲティングによって明らかになった顧客は、どのような価値に対して対価を支払うだろうかを考えます。

ポジショニングは、マーケティングのキモであるだけに、そう簡単に決定的な切り口が出てくるものではありません。大切なのは、絶対に安易な妥協をしないこと。ポジショニングだけは、ブレストを繰り返し、関係するメンバーみ

ポジショニングは「2軸」で考える

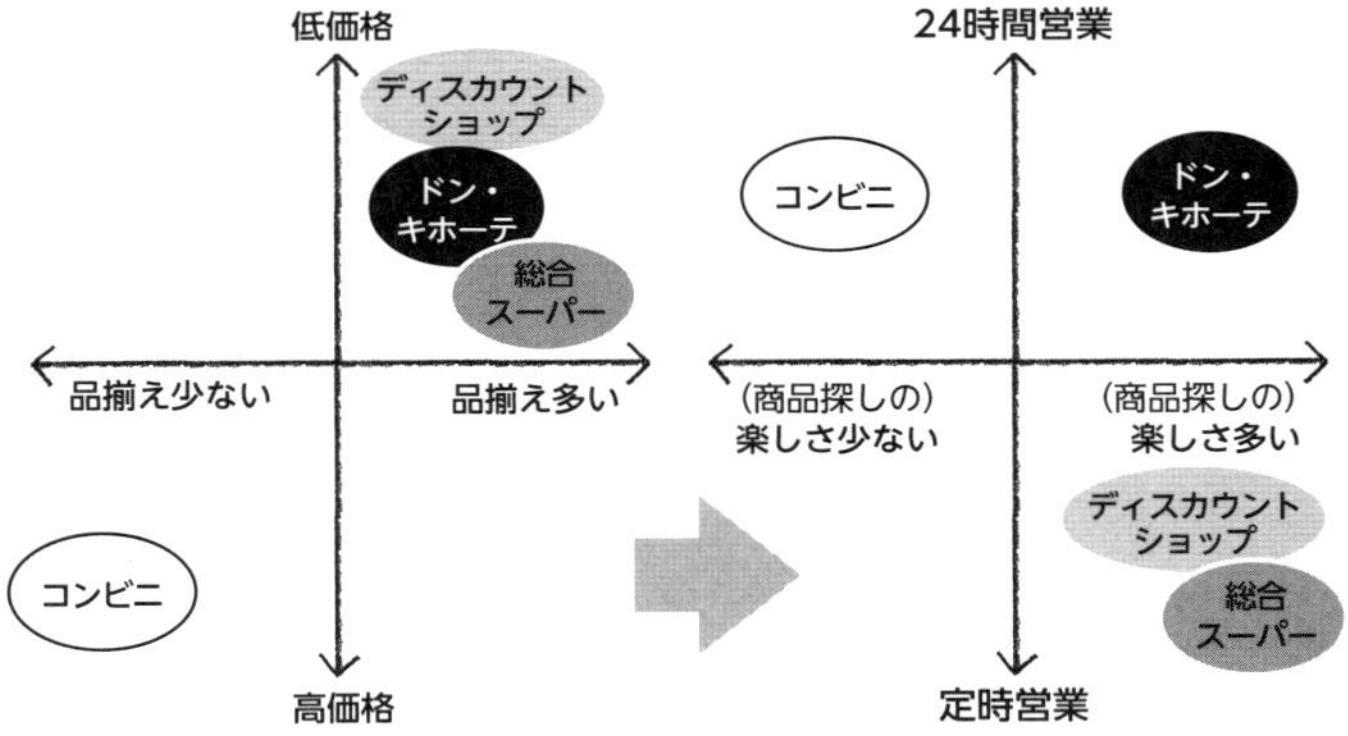

んなが納得できる切り口が出るまで、何度でも軸を考えなおしましょう。

たとえば「ドン・キホーテ」は、ディスカウントショップというごくありふれた業態に新規参入しながらも、成功を収めました。その秘密は、従来のディスカウントショップの勝負軸である「価格×品揃え」ではなく、「営業時間×（商品探しの）楽しさ」で、自社のポジションを設定したからです。

これにより24時間営業ではない、他のディスカウントショップとの差別化を図り、同時に24時間営業しているコンビニとも商品探しの楽しさで差別化も際だたせることに成功しました。

ディスカウントショップのような旧態依然とした業種業態でも、ポジショニングのとり方ひとつで勝てる可能性があるのです。

マーケティング部がやっていること

花王『ヘルシア緑茶』の用意周到なSTP

マーケティング部を持つ企業がなぜ強いのか。STPを徹底的に考え、際立ったポジショニングを確立しやすいからです。では、マーケティング部は具体的に何をしているのか。花王の『ヘルシア緑茶』を例に、どのようにSTPが組み立てられたかを考えてみましょう。仮に自社にマーケティング部がなくても大丈夫、同じことをやればいいのです。

花王は1890年に石鹸メーカーとしてスタートし、化粧水、シャンプー、食用油と事業分野を広げてきました。そして2003年、満を持して、飲料水分野に初めて参入した商品が特定保健用食品『ヘルシア緑茶』です。

そのセグメンテーションは、どうだったか。清涼飲料水マーケットの中でも、茶系飲料に絞り込みました。茶系といっても緑茶、紅茶、烏龍茶にブレンド茶などいろいろあります。花王が狙いを定めたのは、最もマーケットサイズの大きな緑茶市場です。

ただし「特定保健用食品」緑茶とすることで、先行する競合製品との差別化を明確にしました。『ヘルシア緑茶』は、市場規模が大きい代わりに競争も激しい（＝レッド・オーシャン）緑茶市場ではなく、特定保健用食品の緑茶市場、ブルー・オーシャンでの単独勝負に出たのです。

では、特定保健用食品緑茶マーケットに、ユーザーはいるのでしょうか。ここで思い出していただきたいのが、メタボ検診です。健診が制度化されたのは2008年ですが、厚労省での検討が始まったのは2002年ぐらいのこと。その背景となっているのは、40歳以上の3人に

特定保健用食品『ヘルシア緑茶』

1人が肥満であることと、日本の高齢化が進んだ時には生活習慣病が医療費圧迫の最大要因になることを厚労省が懸念していたこと。花王はこうした流れをつかんでいたと思います。

やがてニーズは顕在化する、確信を持ってターゲットも絞り込みをかけました。『ヘルシア緑茶』のCMを思い出していただくとわかるように、狙ったのは40代のビジネスマン（＝3分の1がメタボ）です。働き盛り、少しやり手風の課長クラスをペルソナとして設定しています。

このペルソナ設定が秀逸です。メタボ検診が始まれば、まっさきに引っかかるであろう人たち。要職についているから、健康に気を配らざるを得ない。住宅ローンを抱え、子どもの教育費を考えれば、まだまだ元気に働く必要がある。カッコイイ自分を諦めたくもない。そんな男性像のシンボルが、俳優の香川照之氏です。

そしてポジショニングは、従来の緑茶マーケ

「ヘルシア緑茶」のポジショニングは従来のお茶とまったく違う

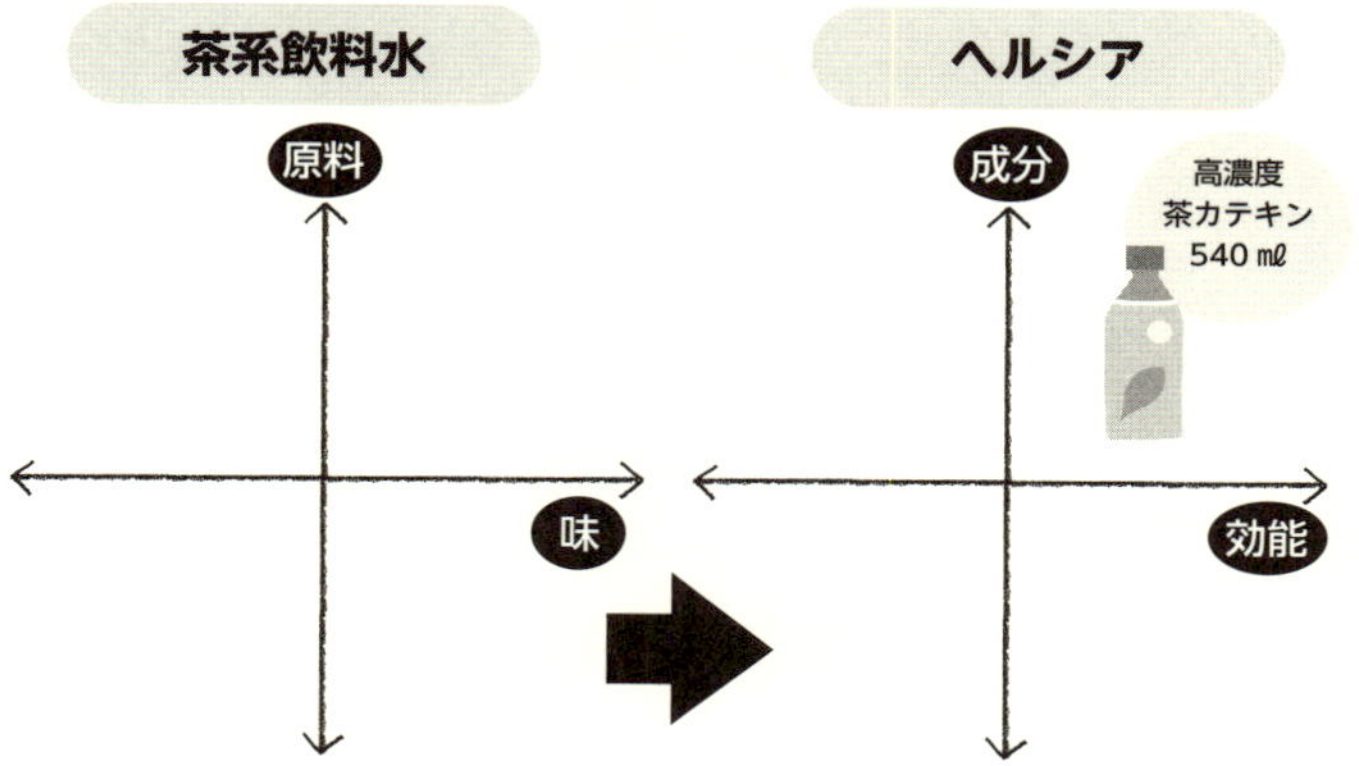

ットのポジショニング軸、味や原料とは違う軸を持ってきた。すなわち「成分」×「効能」です。そのキャッチフレーズには「茶カテキンが、脂肪を消費しやすくする」とあります。もとより清涼飲料水ではなく、特定保健用食品緑茶である時点で、完全な差別化に成功し、ブルー・オーシャンを開拓できています。

味を軸に持ってくる選択肢はありました。同じ特定保健用食品飲料でも、サントリー『黒烏龍茶』は食事との相性で差別化を図っています。『ヘルシア緑茶』も味へのこだわりはあります。ただ、どのタイミングで飲んでも効果があるので、健康づくりの手段としてまず「飲む習慣」をアピールしたかったのでしょう。

さすが大企業のマーケティング部。ですが、やっていることは、決して特殊なものではなく、マーケティングのセオリー通り。要は粘り強く、実行できるかどうかで差がつくのです。

Part 5
一気にシェアを固めろ
バリューラインで考える価格戦略

中山部長との論戦を制した理子は、マーケティング戦略を固めた上で、具体的な施策立案にかかることを社長から命じられました。あれほど理子を目の敵にしていた中山部長も、ピクシーに関しては理子の基本戦略に納得し、協力すると言ってくれたのです。

今や大田電子では、ピクシーは携帯音楽プレイヤーとは考えられていません。「携帯フィットネスサポーター」とでも呼ぶべき、まったく新しいカテゴリーに属する製品と位置付けられています。快適に、心地よく、あるいは的確に体を動かせることが、ユーザーにとっての第一のベネフィット、いまだかつて市場に存在しなかった価値を訴求する商品なのです。

iPod shuffleやアイリバー社のT9とは、マーケティングのSTP、すなわちマーケットのセグメンテーションにはじまり、ターゲティングもポジショニングもまったく異なります。

狙うべきマーケットは、音楽ではなくフィットネスです。ターゲットは音楽ファンではなくフィットネス愛好者や急増しているランナー。そしてポジショニングに関しては、音質で勝負するのではなく、体を動かす時の利便性を新たな切り口として持ち込みました。

もちろんiPod shuffleもT9もそんな切り口で考えられた商品ではないため、ピクシーは、これら先発商品とは完全な差別化を図ることができます。

まかり間違えば理子がとっちめられるはずだった、社長、中山部長とのミーティングのおかげで、ここまでの話は完全な合意がなされました。引き続き、理子に求められたのは、このSTPに基づいた上での具体的なマーケティング施策の立案、いわゆるマーケティングの4Pの中でも、製品（＝Product）以外の三つの施策を固めることです。理子はピクシー開発の経緯からSTPが固まるまでの流れを何枚かのスライドにまとめて、やり手の女性営業部長・竹並、菊池、大沢らとのミーティングに臨みました。

Part 5 の登場人物

営業部
部長
竹並華奈
営業部
菊池努
営業部
新規開発担当
大沢雅一
マーケティング部
福島理子

超・お買い得価格で勝負する

理子が設定したミーティングの場所はいつものカラオケルームだが、今日はいつもとはメンバーが少し違っている。同期の川越の代わりに、営業部長の竹並が加わっていた。

「それでは、ピクシーのマーケティング施策立案会議をはじめたいと思います。最初に、私から基本的な方向性を説明させていただきます。ピクシーはiPod shuffleやT9とは、まったく異なるカテゴリーの商品として市場に打ち出すことになりました。言ってみれば音楽を聞くための携帯プレイヤーではなく、快適に体を動かすための携帯音楽プレイヤーです。そのため営業展開についても、従来の家電量販店ルートを使うべきかどうか、この点に関していろいろと思案しているところです。そこで、まず竹並部長にご意見を求めたいと思います」

「いきなり、そう来るの。いいわ、福島さんのプランは、部長会議でも聞いているから、内容はわかっているつもりよ。言わせてもらうなら、私は二方向展開で行くべきだと考えているの。ただし、家電量販店ルートは、二方向のひとつではなく、やるとしても三番手ね」

「二方向とは、大沢くんが開拓してくれているフィットネス業界がひとつとして、もうひとつは何でしょうか？」

「社長が当初考えていたターゲットがあるじゃない。つまり小学校高学年から中学生ぐらいまでのエントリーユーザー、このターゲットを切り捨てるのは、もったいないと思うんだけどな。特に女の子、彼女たちを狙うなら、菊池くん、どんなルートが一番いいと思う？」

「その子たちを狙うのなら家電量販店ではないですね。どこだろう」

「たとえばファンシーグッズを扱っているお店とか……」


おずおずといった感じで大沢がつぶやいた。

「大沢くん、君は良いセンスしてるね、ほんとに。その通りよ、女の子向けのグッズショップで扱ってもらう手はあるんじゃないかしら」

「なるほど。部長のおっしゃる通りかもしれません。ただ、企業力に限りがあり、マンパワーをかけられない当社としては、販路開拓にも優先順位をつけることが重要だと思います」

理子が少し釘を刺すように言った。

「たしかにそうね。じゃ、まずはフィットネスルート優先で行きましょう。それについては了解、菊池くんも大沢くんのフォローに回ってあげてね。となると家電量販店ルートをどうするか、ここは考えどころね」

「これまでのつき合いを考えれば、外すわけにはいかないでしょうね」

「この件については量販店ルート担当の菊池くんの意見を尊重すべきね。どう思う。もし外したりすれば、やっぱり相当反発を食らいそうかな」

「そうですね。ピクシーがあまり大したことのない新商品なら、それほど心配はしないのですが……。携帯音楽プレイヤーとしてみても、結構なハイスペックで、しかも価格競争力のある商品ですからね。量販店さんとしては、格好の客寄せパンダと考えるはずです」

「だよね。ということで福島さん、量販店ルートもなにか対策が必要。これが営業部の見解ね」

竹並部長は、あっさりと言った。やり手ではあるが、部下の意見を尊重するタイプである。もちろん、瞬時にそれなりの計算をしている。だからこそ「やり手」なのだ。

「わかりました。量販店対策は必要だと承っておきます。では次に価格について検討したいと思います。部長会でも話が出ているはずなので、竹並部長はご存じだと思いますが、ピクシーはサプライズ・プライスを打ち出すつもりです。いま開発部が最終のコスト交渉をパーツメーカーと詰めてくれていますが、当初予定の4200円を大幅に下回るプライシングが可能な状況です」

「そこは営業部としても気になるところなんだけど、パーツメーカーに対して、仕入れを予定の1・5倍に増やすことを条件に価格提示を求めているって聞いたわ。ほんとに、そんなに売ることができるの。もし売れなかったら、うちのような小規模メーカーにとっては、結構きつい不良在庫になるわよ」

「その件については、大沢くんがかなり確度の高い受注見込みをつかんでくれています。大丈夫、だよね」

理子が大沢に話を振った。

「ええ。部長には、もうワンランクアップしてA確度になった時点でご報告しようと思っていたのですが、フィットネス業界最大手のA社から内々に承諾を取っています。担当者レベルでは完全に乗り気になってくれていて、いま先方内部で稟議を上げてくれているところです」

「すごいじゃない。どうして、そんなに簡単に売り込めたの」

「いや、決して売り込んだわけじゃないのです。実はフィットネスルートを、どうやって攻めようかと菊池先輩に相談したら、とにかくインタビューしに行こうという話になりました」

「インタビューって？　菊池くん、どういうこと？」

竹並部長が、少し興奮気味に菊池に問いかけた。

「我々にとっては、まったく新規業界ですから、相手が何に困っているのかを探ることがスタートだと考えたのです」

「それで？」

「少し調べてみると、フィットネス業界はどこも、非常に苦戦していることがわかりました。特に困っているのが若年層の集客です。まず20代は全般的に可処分所得が少ない上に、運動に対するモチベーションがそれほど高くありません。ランニングはブームですが、だからといってお金を出してまでフィットネスクラブに通いたいと考える人が、以前ほどいないようなのです。唯一、団塊の世代だけはお金を持っている上に、ほとんどが定年を迎えているので時間も余っている。その上、彼らは健康オタクなので優良顧客です。団塊を狙うのか、若年層を掘り起こすのか、いずれにしても業界内の競争は、相当に熾烈化しているようです」

「だから、何かで差別化したいというわけね」

「その通りです。そこでジムワークやスタジオプログラムで、何か不具合がないかとか、彼らのお客さんであるエンドユーザーは運動する時どんな不満を持っていそうかといったポイントに絞って、話を掘り起こしていきました」

「それって、たしか超軽量ヘッドフォンの販路開拓に大沢くんが使ったやり方よね」

「バレましたか。大沢くんがやっていたことを、私が『インタビュー式営業術』と名前をつけたんです。なんか、カッコいいでしょう」

自慢話になると止まらないのが菊池の癖だ。歯止めをかけるように理子が話を引き戻した。

「ちょっと話が脱線していますね。ともかく大沢くんたちの頑張りによって、ある程度、量のめどはついています。そこで価格に話を戻しますと、iPod shuffleが４２００円、Ｔ９は３９８０円です。iPod nanoともなると１万２８００円ですから、ソニーの携帯プレイヤーなども含めて、競合とはみなしません」

「そもそも、ピクシーは、そのユニークなポジショニングのおかげで競合商品がないはずだったわよね？」

「ええ。ただ、フィットネスクラブの担当者レベルまでは、私たちの考え方をしっかりと理解してくれますが、先方内部で稟議書が上がっていく段階で、上層部にそこまでの理解を求めることが難しいと考えます。そこで担当者からは、できるだけ上層部の理解が得られやすいプライシングを、と求められているのです」

「なるほどね。では福島さんは、どれぐらいの価格を打ち出したいの」

「本音を言えばニーキュッパですが、さすがにそれは無理だと言われています。そこでＴ９の５００円落ち、開発部には３４８０円で調整をお願いしているところです。ただし、これはメーカー希望小売価格です。フィットネスクラブに対しては、当社からのダイレクト販売になるので、仕切価格はもっと低くなります。ボリュームディスカウントも効いてくるでしょう」

「それは、かなり思い切ったプライシングになりそうね。**バリューライン**[29]で考えてみても、完全に突き抜けた**スーパーバリュー**[30]商品になるじゃないの」

「ええ。価格は最安値、そして最大の差別化ポイントとしてブルートゥースを打ち出そうと考えています」

「ということはワイヤレスヘッドフォンも差別化ポイントになるわね」

「おっしゃる通りです。これがいけそうなんですよ。大沢くん、ちょっと説明してくれる」

　竹並部長の回転の速さが理子はうれしかった。女性同士だからこそ、わかり合えるところもあるのかもしれない。

「かしこまりました。前回、超軽量ヘッドフォンをスポーツ用品店に売り込みに行った時にわかったのですが、ヘッドフォンのコードが意外にユーザーの『不』になってるんです。だから、ピクシーにブルートゥースがついていれば、ワイヤレスヘッドフォンが使える。すなわちヘッドフォンコードの不満を解消できるのです」

「なるほど。だからブルートゥースがキラーバリューになるわけだ。ブルートゥース付きで３５００円を切るとなると、確かにスーパーバリュー商品になりそうね。でも、ワイヤレスヘッドフォンとのセットを条件として、基本的なＴＰＯがスポーツする時、という話なら、別の販売モデルもあり得るわね」

「もしかして、それってジレットモデルですか？」

「大沢くん、よく勉強しているのね、感心、感心！」

㉙バリューライン
製品の価格と価値で２軸を取った時、多くの場合、正比例した関係になる（価値が上がれば価格も上がる）。それをバリューラインと呼ぶ。価格戦略的に優位性を狙う場合は、「価値＞価格」となるようにバリューラインを飛び出さなければならない。

㉚スーパーバリュー
バリューラインを超えて、価格が最も安い割には価値が最も高いポジションを獲得した状態。

バリューライン

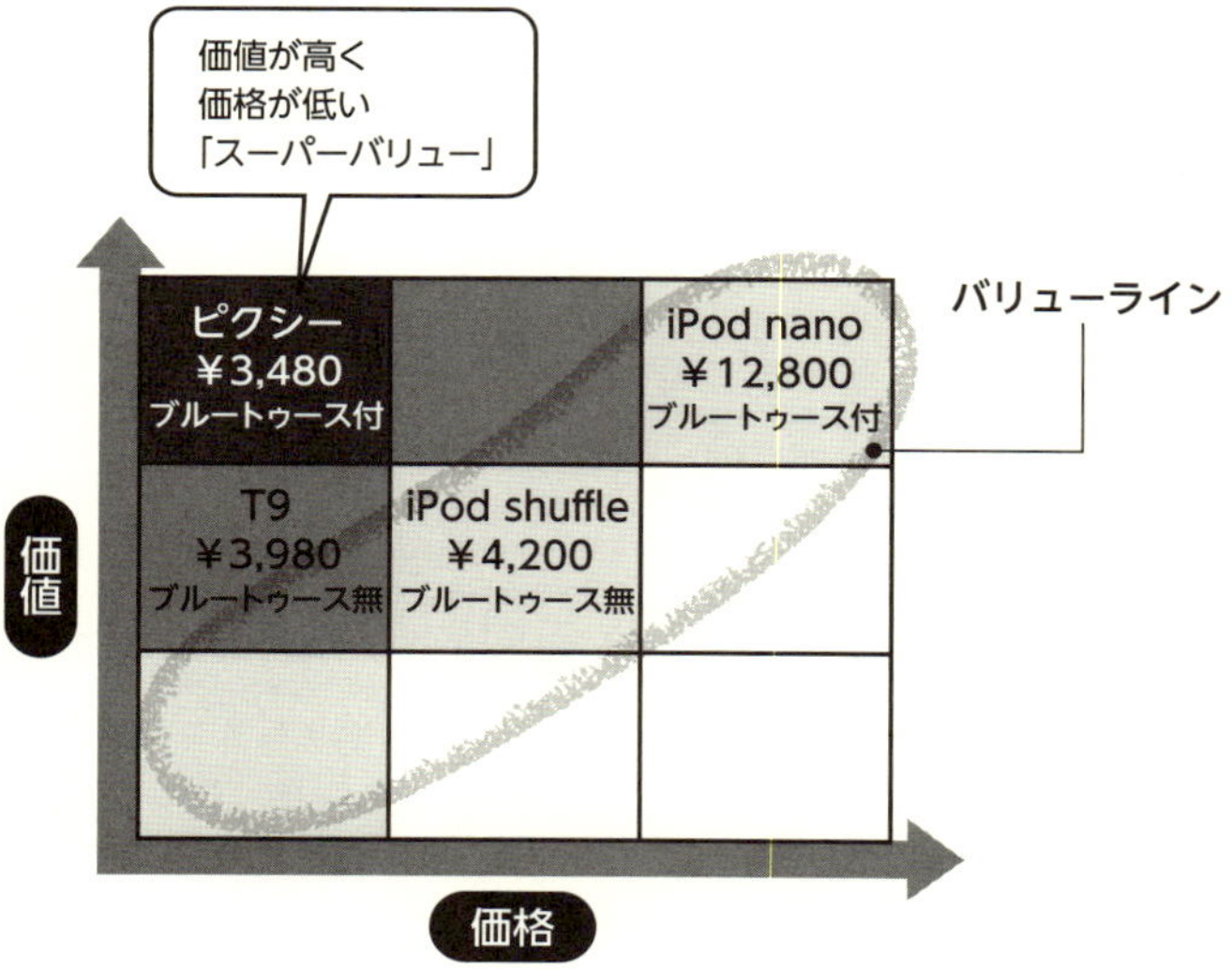

価値が高く
価格が低い
「スーパーバリュー」
ピクシー
¥3,480
ブルートゥース付
iPod nano
¥12,800
ブルートゥース付
T9
¥3,980
ブルートゥース無
iPod shuffle
¥4,200
ブルートゥース無
バリューライン
価値
価格

竹並部長が大沢をほめたことに、菊池が素早く反応した。

「ちょっと、待ってくださいよ。さっきから黙って聞いていたら、なんだか俺一人置いてきぼりみたいで、とっても孤独なんですけど。そのジレットなんとかって、いったい何のことですか」

「そうか、菊池くんは知らないよね。ジレットモデルって、要するにカミソリの替刃を売りたかったら、まず替刃を使うホルダーをお客さんの手元に届けろってことなの」

「理子、それなんのことだよ。俺は電気シェーバーしか使わないから、意味不明だよ」

「カミソリって、ヒゲを剃っているうちに必ず刃がぼろぼろになるでしょう。だから、何回か使ったら刃を買えなきゃならない。つまりカミソリの刃は消耗品ということね。そこで、その次にも同じカミソリの刃を買ってもらうためにはどうすればいいと思う？　そのカミソリの刃しか使えないホルダーをお客さんが持っていればいいわけじゃない」

理子の説明を聞いて、ようやく菊池も話が飲み込めたようだ。

「なんとなくわかってきたよ。それって家電製品でいえば、パソコンのプリンターは思いっきり安くしておいて、トナーで儲けるやり方と同じだな」

「そうそう。だからプリンターは極端な話、採算割れでもいいわけ。その代わり、トナーでがっぽり儲かる仕組みになってるから」

「なるほどね。プリンターの価格は、なんかおかしいと思ってたよ。4色のトナーを2セット買うくらいのお金で、プリンターが一台買えるんだからな。でも、それとピクシーがどう関係あるんだ？」

「大沢くん、菊池くんにわかりやすく説明してあげてよ」

「つまり……」

「あっ！　わかった。うちにとってのトナーは、ワイヤレスヘッドフォンだというわけか。それでプリンターがピクシーなんだ」

「ご明察！」

ニッチ市場を一気に抑える

仕切り直しといった趣きで、竹並部長が、メンバーの顔を見回して言った。

「スポーツをすると、汗をかく。だから、どうしてもワイヤレスヘッドフォンが傷みやすくなる。ワイヤレスヘッドフォンの買い替えを狙う。あるいは、そうね、たとえば耳に当たるパッドだけを取り替え可能なパーツにしておくとか。そんな作戦があるわね」

「さすがですね、部長のおっしゃる通りの展開も一案として考えています」

「大沢くん、さっき業界最大手でB確度といってたけど、それで採用数はどれぐらいを見込んでいるの？」

最も気になる数字は単刀直入、ズバッと聞く。これが竹並部長のスタイルだ。

「ここが微妙なんですよ。会員数でいえばトータルで90万人もいますから。そこで先方内部でいま詰めているのが、どういう扱い方をするかなのです」

「具体的に教えてくれる？」

「先方さんでは三つの案が出ています。ひとつは新規会員募集用のノベルティグッズ、次が既存会員でも特定のプログラム受講者に対しての必須アイテムとしての扱い、もうひとつが先方さんブランドでのOEM[31]扱いですね」

「なるほど。で、感触的にはどうなの？」

「おそらく最終的には、全部、ということになりそうです」

「つまりOEM扱いがベースとなって、先方さんがノベルティグッズに使ったり、特定プログラムの必須アイテムとして採用する、あるいはクラブ内のショップで販売するわけね」

「そうです。そこで最終の契約形態を詰めてもらっているのです。うちとしては、当然年間契約での買い切りを求めています。そうなるとおそらくは、うちの生産台数も当初の1・5倍といったオーダーではなくなってくる可能性が高いのです。なにしろ相手は全国で200ヶ所ぐらいに施設を展開していますから」

「当初予定が年間10万台だったわね。もしかすると一社で、それぐらいいくとか」

「可能性はあります」

「すごいじゃないの！」

　竹並部長のうれしそうな顔を見て、理子が言葉を継いだ。

「実は、もう少し欲張りなことを考えてるんです。それで、いま大沢くんと菊池さんに精力的に動いてもらっているところですね。菊池さん、ちょっと説明してもらっていい？」

「部長、最近私の経費精算で、地方への出張が増えていることにお気づきだと思いますが」

「そういえば、あちこち行ってるわね。それってピクシーの売り込みと何か関係があ

㉛OEM
Original Equipment Manufacturing.「相手先ブランド名製品」と訳される。納入先の商標を付けて製品を製造することを指す。

るんだ」

「福島さんのフィットネス業界攻略戦略に従って動いているんです。業界トップでの採用実績をアピールして、主要都道府県での地場のトップ企業を落としにかかっています。もっとも業界トップの採用実績と言っても、今のところはまだ限りなく実績に近い商談レベルの話ですが」

「フィットネス業界の企業数は、全部で何社ぐらいになるの？」

竹並部長がニコニコしながら尋ねた。

「それは私がお答えします。全国でざっと230社、施設数では3600くらい、会員数がトータル400万人ぐらいですね」

「で、福島さん、地場のトップを落としにかかってるって話だけど、それは一気にシェアを固めにいくつもりなのね」

「ええ。ここは徹底した**ペネトレーション戦略**[32]を取るつもりです。OEMで展開できる力を持っているところは、業界トップだけと踏んでいますが、相手のニーズに応じて、いくつかの展開パターンを用意しているのです。たとえば、デザインだけを変える、あるいはフィットネスプログラムに応じた指導要領をプレインストールする。これは早い話がスタジオプログラムでインストラクターが、次は右足を上げてとか、体を左にひねってとか指示しますよね、あれを最初から録音しておくわけです」

「ちょっと、すごいわね、それ。で、福島さんとしては、一体どれぐらいの販売数を見込んでいるわけ？」

「当初予定の5倍。というのは、何もかもがすべてうまく運んだ場合ですが」

「当初予定では、フィットネス業界なんてまったく計算に入ってなかったわけでしょう。ということはざっと40万台、フィットネスクラブ会員の10％を一気に取りにいこうと考えているんだ」

竹並部長が、計算の速いところをみせた。

㉜ペネトレーション戦略
ペネトレーションプライシング、市場浸透価格とも言う。短期間で市場のシェアを最大限に獲得することを目標とし、収益ギリギリの低価格を設定。競合に対して参入を躊躇させる戦略でもある。大量販売によって製造原価を低減させることで収益を得る。

ペネトレーション戦略の逆を「スキミング（上澄み吸収）戦略」と言う。高価格を設定し、初期投資をなるべく早く回収し、競合が出現したら撤退、またはターゲットの裾野を広げて徐々に値下げする戦略を取る。

「いや、もっと欲張りなことを考えています。ピクシーのターゲットは、フィットネスクラブの会員だけじゃありません。東京マラソンの競争率はざっと10倍、３万人のランナー枠に対して30万人もの申し込みがあります」

「そこも狙うの⁉」

「どちらかといえば、こっちが本命です。あるデータによれば、日本のランニング愛好者は、１９９８年に２２０万人だったのが、その後の10年で１００万人増えています。これがだいたい週に１回は走る人たちの数です。１年間に何回か走ったことのある潜在ランナー層が、そのバックに２６００万人は控えているようなのです」

「もしかして、そこを狙っているわけ？」

あまりの話の広がりように、竹並部長も少し興奮気味だ。

「ランナーがピクシーの本丸とも言えるターゲットなんです。だから、どうしても走っている時間を記録できる機能だけは盛り込んでもらえるよう中山部長にお願いしました」

「その話は部長会議でも聞いたわ。福島さんの粘りには負けたって言ってたわね。でも、ランナーターゲットは、それほど有望なの？」

「潜在的な可能性は極めて大きいと見込んでいます。フォローの風がいくつも吹いていますからね。大沢くん、説明してもらえるかな」

「はい。マクロ要因でいけば、高齢化があります。日本では高齢化が恐ろしい勢いで進んでいます。これを受けて厚生労働省が躍起になっているのが、高齢者の健康管理です。もっとも団塊の世代は健康オタクと言われるぐらい、意識の高い人が多く、マラソンランナーでも60代が意外なほどたくさんいます」

「たしかに、皇居の周りを昼間っから走っている人を結構見かけるけれど、あれってリタイヤした人でしょうね」

「さらに高齢者になる前からの健康管理も厚労省は強くアピールしています。メタボ検診がその典型ですが、とにかく厚労省は生活習慣病の予防に徹底的に力を入れているのです」

「そうした空気感みたいなものが底流にあるから、潜在ランナー層が２６００万人もいるわけね」

「もし、潜在ランナー層の１割が顕在化すれば、それだけでランナーマーケットは倍近くに膨らみます」

「計算上はそうなるけれど、それはいくらなんでも取らぬ狸のなんとやらでしょう」

しびれを切らしたかのように、菊池が割って入った。

「部長、理子が考えているのは、ピクシーによる新しいライフスタイル提案なんですよ。つまり走りたいなとか、走るのもいいかなと思ってきた人たちの、背中を押すツールとしてピクシーを訴求するんです。ピクシーと一緒に走ろう、とか、そんなキャッチフレーズで打ち出すことを考えています」

「ちょっとおおげさに言うなら、ピクシーはライフスタイル提案型の商品だということね。なんだかすごいことになってるけれど、福島さん、いつから、そこまでのスケールで考えるようになっていたの」

「大沢くんのレポートを読んで考えているうちに、妄想が暴走したというか。菊池さんと話しているうちに、次々と連想が広がっていったというか」

「だから、中山部長と社長を前にして、あの二人をびっくりさせるような啖呵を切れたというわけね。これは楽しみになってきたな。ところで、その潜在ランナーターゲットに対して量販ルートを考えているわけ？」

「いや、ここはもう少し策を考えています。実は量販ルート向けスペックと、フィットネスクラブ、ランナー向けのスペックは変えてもらうよう中山部長にお願いしてあるのです。菊池さん、部長に説明してくれない？」

ようやく出番が回ってきたとばかり、菊池は熱を込めて話し始めた。

「部長が最初に指摘されたように、ピクシーについては流通対策をどうするかがポイントになると私たちは考えていました。これまで量販店には、いろいろ無理を言って助けてもらってきましたから、ピクシーの販路から外す選択肢はあり得ません。そこで悩んだのです」

「ＯＥＭと量販ルートでは、当然価格設定も変わってくるわよね」

「そうなんです。そこで、量販店に納得してもらえるだけの整合性をどう取るか。ピクシーのキラーバリューはブルートゥースですが、トイカメラ機能も強力なセールスポイントになります。これはもともと社長が考えられたアイデアで、だから小学生から中学生のエントリーユーザー受けを狙ったという話がありましたよね。でも、フィットネス系のユーザーにはトイカメラ機能はいらないでしょう」

「ああ、なるほどね。量販店ルート向けにはトイカメラ機能がついていますと、だからこの価格なんですと説明するわけか。しかもエントリーユーザー層にはトイカメラ機能がセールスポイントになる、そういうことね。それにしても、君たち、よく短い間に、そこまで考えたわね」

「理子に言わせれば、ＰＥＳＴ分析に始まって３Ｃ、ＳＷＯＴ、価値の３層構造、ＳＴＰまでマーケティングをいつも一連の流れとして考えるクセがついていれば、後はＳＴＰの裏付けとなる具体的なデータさえあればいいってことらしいです」

「補足すると、いつもなら最後でポジショニングの切り口を出すところで時間がかかるというか、ブレストを何度も繰り返す必要があるんです。ところがピクシーに関しては、まず大沢レポートが先にあって、iPod shuffle とぶつからない土俵を探せば、すんなりとポジショニングが見えたのがラッキーでした」

「価格戦略」がシェアを左右する

環境分析

- 自社を取り巻く環境を精査
（PEST分析、3C分析、5F分析、VC分析、SWOT分析）
- 自社にとっての「市場機会」を明確にする
- 機会をつかむための「市場課題」を浮き彫りにする

戦略の方向性が決まる！

戦略立案

- 市場を細分化する（Segmentation）
- ターゲットを明確に設定する（Targeting）
- 自社をどのようなポジションで訴求するかを決める（Positioning）

具体的な戦略が固まる！

施策立案

- Product（製品）
- Price（価格）
- Place（チャネル）
- Promotion（販促）

「4P」（何を、いくらで、どこで、どう売るか）**が決まる!**

マケ女《ジョ》・理子のマーケティング解説5

見過ごされがちな価格戦略

STPが決まれば、最後は4P。どのような製品・サービス（Product）を、どれぐらいの価格（Price）で、どこ（Place）で売り、どのように知ってもらう（Promotion）かを具体的に決めます。

ここで意外に見過ごされがちなのが、価格の重要性！

ビジネスとは「価値」と「対価」の交換です。価値は、製品・サービスによってお客さんが得るもの。対価は価値を得るために、お客さんが支払うお金。価値と対価は必ずセットで考えることが必要です。

もちろん価値を創り出すためのコスト（原価）を無視してビジネスは成り立ちません。かといって、いくらコストが高くついている製品でも、お客さんがそれを欲しいと思わない限り、対価を支払ってくれるわけもありません。

逆も成り立ちます。原価はほとんどタダみたいなもの、でも、お客さんにとってはどうしても必要とあればイヤでも買わなきゃ仕方がない。

価格とは「これしかない」と決め打ちするものではなく、お客さんの価値、競合の有無、原価などの状況を踏まえて、総合的に考えるもの

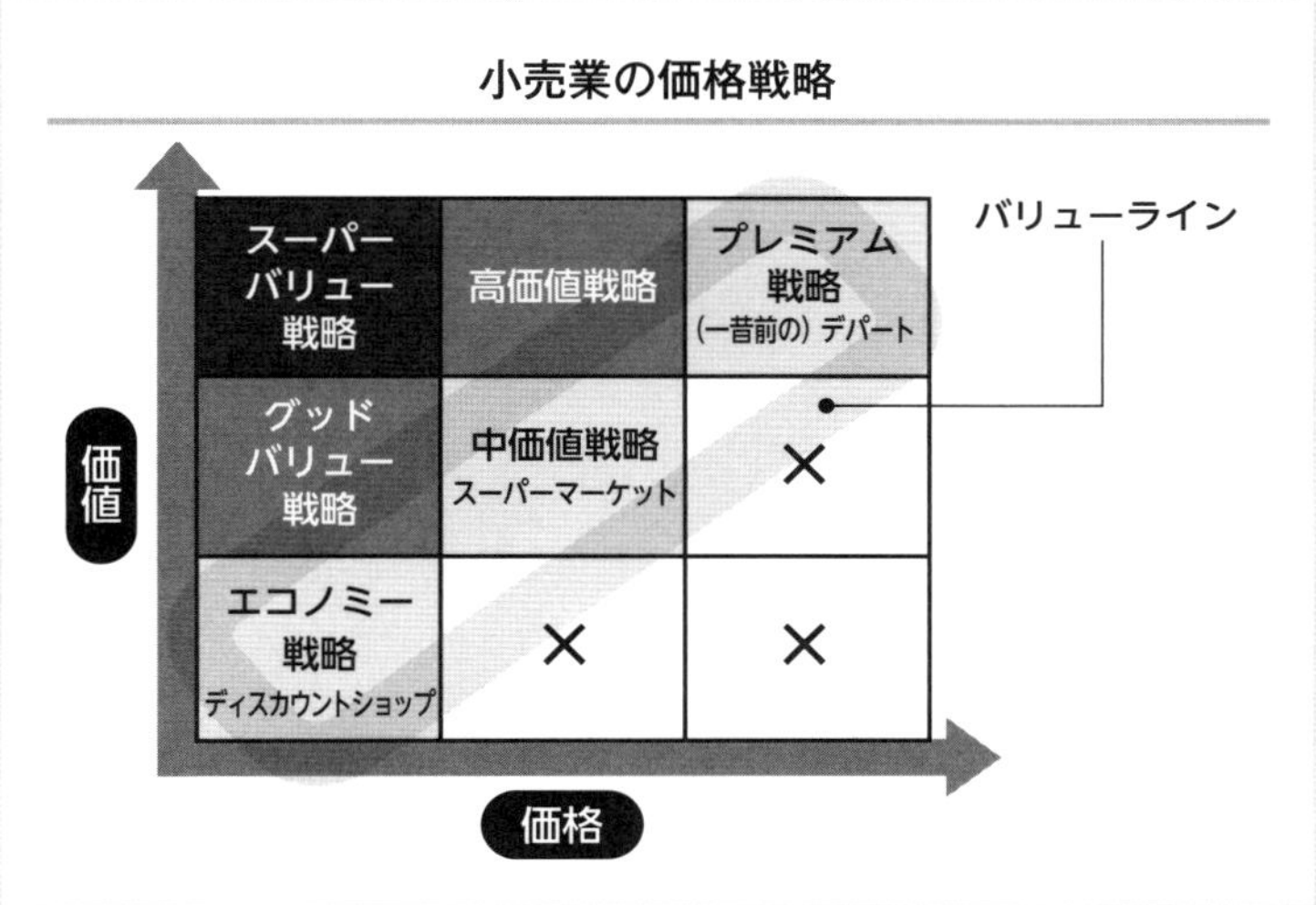

なのです。時と場合によっては、価格変更も視野に入れておく柔軟性を持って価格を考えないと、自社の利益は確保できません。

価格を決める時には、三つの視点を意識します。いちばんの基準は自社視点、つまり原価です。言うまでもなく原価が価格の下限になります。次が顧客の視点、お客さんがどれくらいの価値を認めてくれるのか、ここが上限になります。これを越えると、お客さんにとって「価値＜対価」となり、納得してもらえない＝買ってもらえなくなります。下限と上限の間のどこにするかは競合との比較によって決めます。

競合と比較する時のポイントは、価値と価格のバランス。これをバリューラインと呼びます。

横軸に価格、縦軸に価値を取ったグラフをイメージしてください。原点近くに位置するのが、低価格・低価値のエコノミー戦略、お店にたとえるならディスカウントショップです。その右斜め上にくるのが中価格・中価値の中価値戦略で、平均的なスーパーマーケットはここです。さらに右上にシフトするとプレミアム戦略となり高価格・高価値で、一昔前までのデパートがこれにあたります。

だとすればエコノミー戦略と同じ価格帯で、より価値の高いものを提供すれば勝てることがわかるはず。これがグッドバリュー戦略で、初期のユニクロなどがこの戦略を取りました。価値の高いものを低価格で提供するためにユニクロは、人件費の安い中国の自社工場で大量生産しコストを下げたのです。

そのユニクロも今では中価格で、より価値の高い製品を提供する高価値戦略にシフトしました。その結果、空いてしまったポジションのグッドバリュー戦略は『g.u.』ブランドに担わせているのです。最強の戦略は、低価格で高価値を提供するスーパーバリュー戦略ですが、これを実現できる企業はほとんどありません。

また価格は固定して考えるのではなく、売れ行き状況や自社の戦略によっても柔軟に変えることが必要です。たとえば、あえて利益を低く抑えて、価値と価格のバランスを崩し、シェアを一気に取りに行く戦略があります（ペネトレーション戦略）。お客さんにとっての値頃感と

アパレル業界のバリューライン

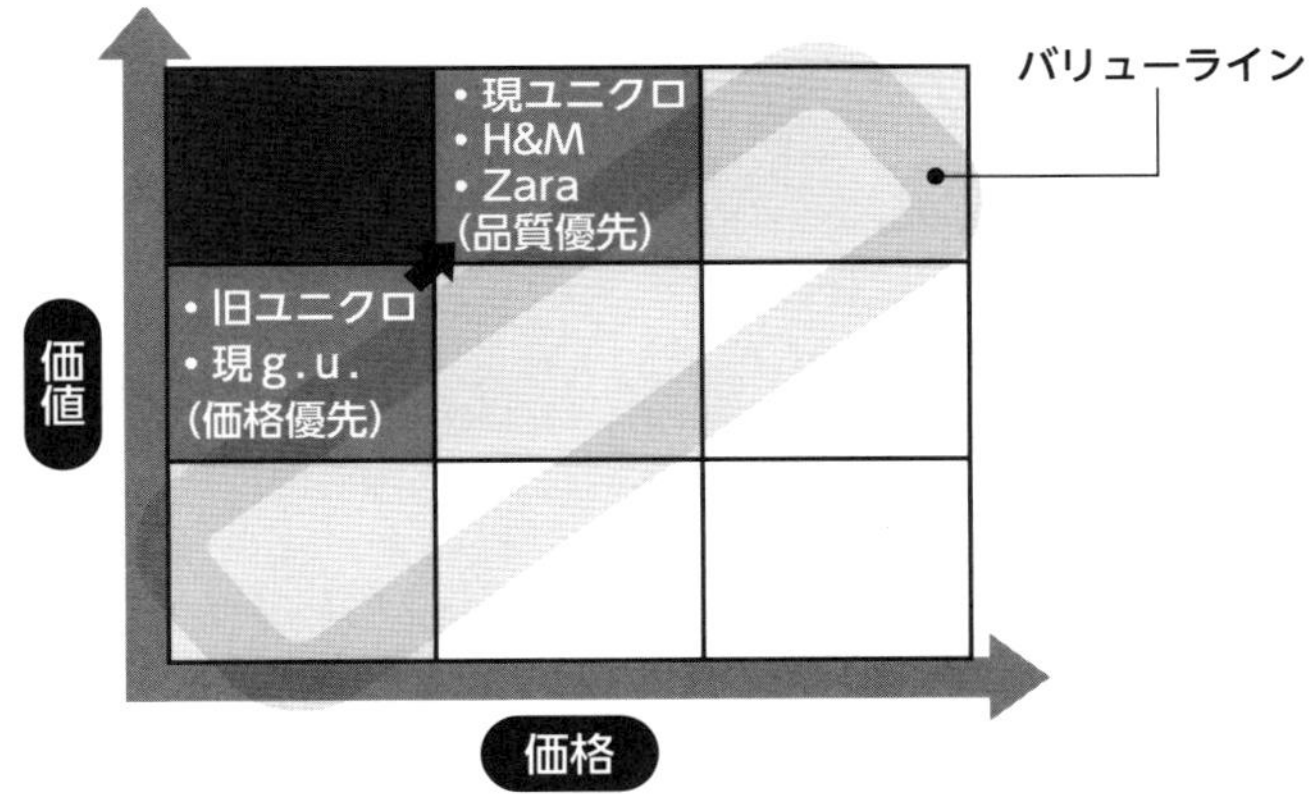

自社の利益、競合との比較などを総合的に判断した上で、意図的に薄利の価格をつける。資本力のある大手メーカーなどがよく採用するやり方です。

コモディティ化した商品ジャンルでは、機能面などでよほどの違いがない限り、お客さんは安いほうを選びます。だから、当初は利益度外視の価格をつけてでもシェアを確保する。シェアを確保できれば、小売店頭での棚を占拠できます。競合の撤退を見計らって、たとえば量を増やしながら、価格を以前より少し割高に設定することにより収益アップを図るのです。

このように価格決定には、極めて戦略的な思考が求められることを覚えておきましょう。

技能職サービス業の価格競争が落ち着くところ
10分1000円の相場を狙った『QBハウス』の価格戦略

原材料費率の低いビジネスがあります。たとえば理美容、ネイルアート、マッサージ、スポーツトレーナー等など。サービスを提供する空間は必要なので、一定の固定費は必要です。けれどもサービス提供に必要な原材料費は、ほとんど不要です。

では、その価格設定はどうなっているのでしょうか。

実はほとんどの場合、基本ライン「10分1000円」に収まります。ごく普通の散髪屋さんなら、40分から50分程度で4000円前後、洒落たヘアサロンで高いところは6000円程度しますが、時間も1時間以上はかけているはず。パーマをかけて1万弱になるときは、時間も1時間半くらいでしょう。マッサージ大手『てもみん』は、10分1000円です。

実は10分1000円が、これら技能職系サービス業のバリューラインなのです。この業界では、たいていの店が中価格・中価値戦略を取っています。旧来型の散髪屋さんは40分4000円クラスの店が大半です。一方で、時間もしっかりかけて、値段が高めのプレミアム戦略のショップもあります。

そんなマーケットに、10分1000円の相場はキープしたまま「10分で散髪完了」を打ち出したのが『QBハウス』。これが大ヒットし、従来の理髪店業界にとっての脅威的な存在とな

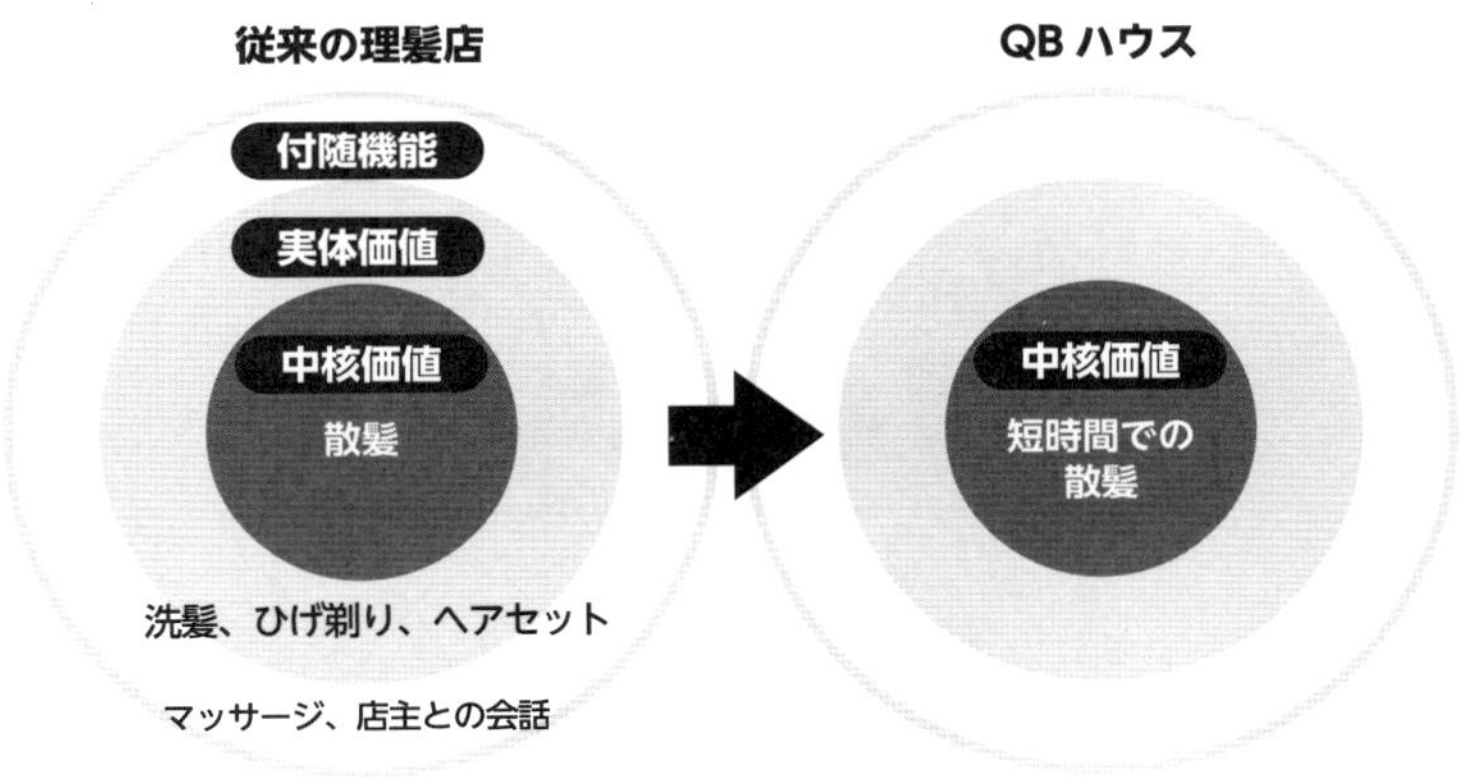

っています。

勝因はターゲット設定（Targeting）であり、絞り込んだターゲットに対する差別化（Positioning）、STPに基づいた価格設定です。

QBハウスが狙ったのは、ヘアスタイルにうるさい人たちではありません。かといって、髪型にまったく気を使わない人たちでもない。多くのビジネスパーソンがそうであるように、身だしなみには人並みに気をつけているけれども、必要以上にお金をかけようとは思わない人たち。

そんな人たちに対してQBハウスは、10分だけれど「こだわりのカット」をアピールした。10分に設定した理由は、普通の理髪店でも「実際に髪を切っている時間」は10分から長くても

15分程度であることをつかんでいたからです。

理髪店で時間がかかる理由は、何回もタオルを替え、ていねいにひげを剃り、シャンプーは二度洗いして、トニックをふりかけては頭皮マッサージ、ついでに首や肩のコリまでほぐしてくれるからです。

そこでQBハウスは考えた。もしかして忙しいビジネスマンにとっては、駅で立ち食いそばをかきこんで昼食とするように、散髪だってチャチャっと手早く終わらせてしまうほうが喜ばれるのではないかと。

だから10分で終わるヘアカットを打ち出した。価格はバリューラインにきっちり乗った1000円ながら、時間短縮を付加価値として打ち出すことで、低価格・中価値のポジションを確保。従来の理髪店とは圧倒的な差をつけたのです。

価値を下げずに価格を下げたQBハウス

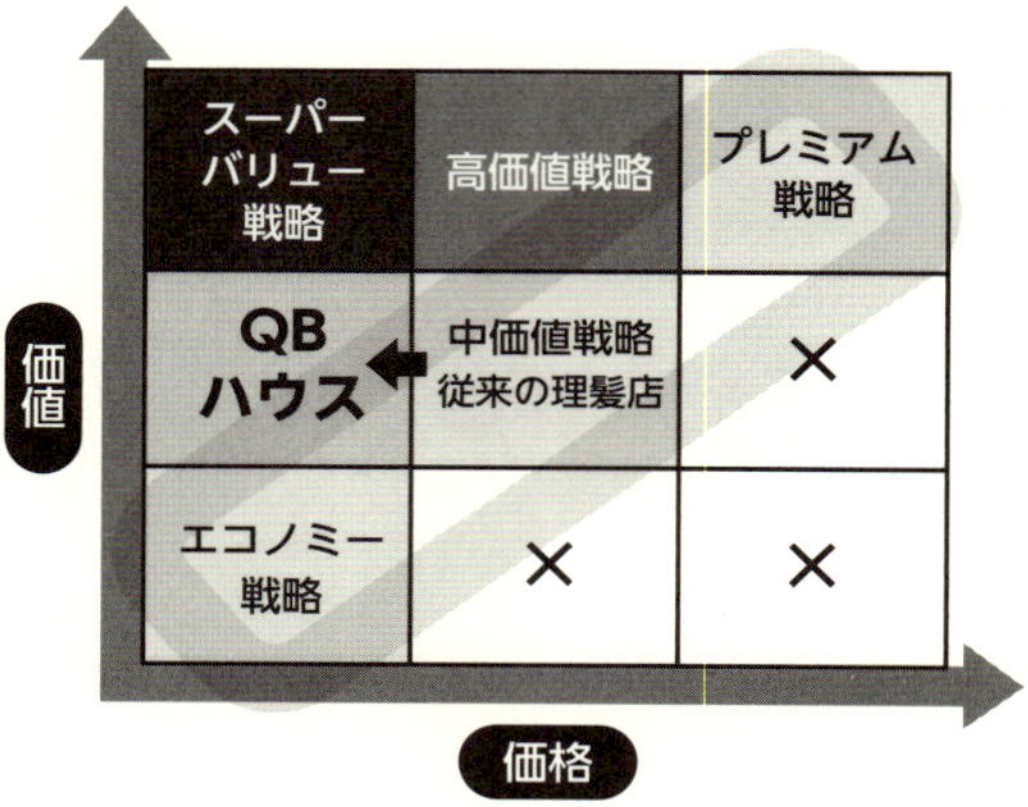

Part 6

店頭を取れ

絞り込んだ流通対策と店頭プロモーション

あわよくば当初計画の5倍。理子のマーケティングプランは、いつの間にか大きく膨らんでいました。ことわざに曰く「雨降って地固まる」、一時は内部で揉めたけれども、今や大田電子は理子を指揮官とし、全社一丸となってピクシーで大攻勢をかける構えです。いまの調子なら、フィットネス業界での全国トップ企業に加えて、各地域のナンバーワン企業を抑えることもできそうです。思惑通りにことが運べば、ランナーユーザーも開拓可能。長くつき合いのある量販店にも、納得してもらえる対応策が用意できました。何もかもが、理子の思うがままに進んでいるようです。

ところが「好事魔多し」ということわざもあります。ものごとがうまく行っている時ほど、実は水面下では厄介なことが起こるものです。表面上、大田電子のピクシープロジェクトにも、とんでもないどんでん返しが待ち受けていました。新規開拓担当の大沢が落としにかかっていたフィットネス業界最大手企業から、契約寸前の土壇場になって契約破棄との連絡が入ったのです。

その理由が実にくだらない人事争いでした。大沢と話をしていた実務担当者が所属する先方のマーケティング企画部と営業本部が、犬猿の仲だったのです。ことあるごとに対抗意識を燃やす営業本部が最後に横槍を入れたために、契約は破談となりました。わざわざ大田電子まで足を運んで謝罪に来た担当者は、平身低頭、ただ謝るばかりでした。大沢と同席して対応した竹並部長、理子ともに言葉もありません。ただちに竹並部長は売上計画の見直しを考えはじめ、理子は次の打ち手を高速回転で模索していました。

業界トップがダメなら、次に持っていけばいい。そう考えるのは安易に過ぎます。フィットネス業界は意外に狭い世界で、大田電子が新製品のOEM供給の話を持っていったことは、すでに他社に伝わっていると考えるべきでしょう。そうだとすれば、2位以下の企業が受け入れる可能性は極めて低くなります。ましてや菊池が地方のフィットネス業界を回っている動きも、業界内では既成の事実として広まっていることも考えられます。この期に及んで大口ユーザーとの契約を失うことは、大きすぎる痛手です。下手をすれば、いったんは全面協力を申し出た開発部・中山部長が再びへそを曲げる怖れもあります。窮地に陥った理子は、どんな挽回策を考えるのでしょうか。

Part 6の登場人物

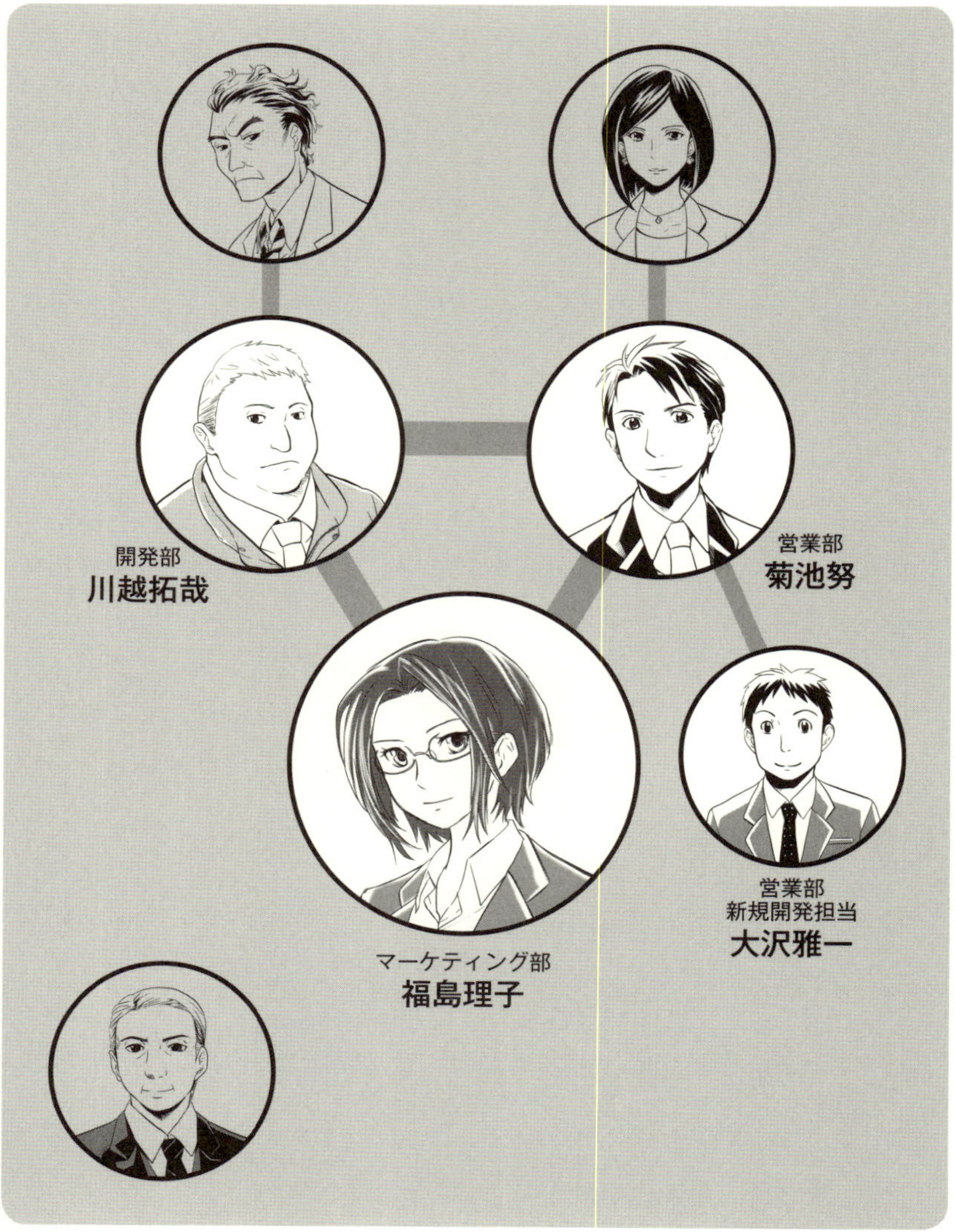
開発部
川越拓哉
営業部
菊池努
マーケティング部
福島理子
営業部
新規開発担当
大沢雅一

「『不』の解消」を実感させろ

フィットネス業界トップ企業の担当者から謝罪を受けた日の午後以降、理子の姿が社内から消えた。行き先を書き込むホワイトボードに「打ち合わせ」と書いたっきり、である。その後は、ケータイに電話をかけてもまったくつながらない。メールを送っても返事は一切ない。フェイスブックでも、ずっとオフラインのようだ。フェイスブックでの投稿はもとより、それまで結構頻繁につぶやいていたツイッターも動きはまったくない。

次の日も理子は出社しなかった。ネット上での理子の存在感が消えてしまったことは、まるでリアルな理子の存在も損なわれてしまったかのような印象を与えた。欠勤が二日続いた午後になり、さすがにこれはまずいと、川越と菊池がとりあえず理子の住まいを訪ねてみることになった。理子はマンションに固定電話を引いていない。ケータイやメールには出ないのは、もしかしたら自宅で落ち込んでいるからではないかと心配したわけだ。

ドアベルを押すと、意外にも理子は部屋にいた。いかにも気楽そうな部屋着のままで顔を見せた理子の声にはハリがあり、落ち込んでいる様子はうかがえない。

「おっと、二人揃ってどうしたの？」

「どうしたは、ないだろう。俺にまで、何の連絡もくれないなんてひどいじゃないか。思いっきり心配したんだぞ」

「あっ、そうか。ごめん、ごめん」

「ひょっとしてお前、また例の癖やろ」

「えっ、なんだそれ？　川越はわかってたのか」

「たぶん、そうやないかって思ってた。こいつな、煮詰まると家にこもって一人っきりになってず～っと考えよるんや。いったん考え始めたら、結論が出るまで動かへんねん」

「そうだったのか？」

「ごめんね、心配させるつもりはなかったのよ」

「なんだよ。心配して損したぜ」

「でも、二人揃って、ちょうどいい所へ来てくれたわ。二日考えて、かなりまとまってきたんだ。ちょっと待ってて、着替えてくるからさ。近くのカフェで作戦会議といこうよ」

ぴったりとしたGパンを履いた理子は、真っ白なダンガリーのシャツに、ダボッとした厚手のカーディガンを羽織っていた。髪は、いつもよりボサッとしている。川越の言うように、ずっと考え続けていたのだろう。カフェに入ると、待ち切れないように菊池が話を切り出した。

「で、どうするんだよ。さすがにうちの部長もちょっと浮き足立っちゃってさ、正直、困ってるんだよね」

「菊池くんは、どう思うの？　すでに地方のフィットネスクラブをいくつも回ってくれてるじゃない。正直なところ、手応えはどうなの？」

「正直なところか……。まっ、決して、好調とは言えないね。トップ企業が採用するかもという話をすると、一応聞いてはくれるんだけれど、どうもそれだけでは説得材料にはなっていないようなんだな」

「だろうね。それはわかるよ」

「おいおい、ちょっと待ってや。フィットネス業界で40万台ははけるっちゅう話やったやないか。それがあかんとなったら、また、ウチの部長が火吹くで」

「中山部長ともう一回やりあうのは、ちょっと勘弁してほしいなぁ。というか、そうはならないと思うんだ」

「じゃあ、どうやってフィットネス業界を攻めていくのさ。トップがダメだったから二番手に行こうと考えてるんじゃないだろうな」

「菊池くんは、それでうまくいくと思う？」

「俺が二番手の担当者だったら、きっと断るな」

「どうして？」

理子は、なぜか楽しむような口調で菊池を促した。

「トップ企業が断ったということは、何か理由があるはずだろう。トップ企業が何らかの理由があって不採用になったものを、自分の判断で採用したりすれば、万が一、失敗した場合に自分の責任が厳しく問われるじゃないか」

「その通りね。私もそう思うわ」

「なんや。ほな、結局あかんやないか」

「そうなんだよね。立ち上がりで、フィットネス業界から大量発注を取りつけることは難しいと思う」

拍子抜けするぐらい、あっさりと理子は同意した。

「難しいと思うって、お前なあ、評論家みたいな言い方しとったら、どもならんで、ほんまに」

「わかってるよ。だから、どうしたら良いかを考えてたんじゃないの」

「で、どうなんだよ。どうしたらいいんだ、俺たち営業部は。俺は、相変わらず地方回りを続けていていいのか？」

「もちろん。しっかり回ってきてね。ただし、これからはトップ企業が採用しそうとか、そんな話は一切なしにしましょう。ピクシーが運動をする人にとって、いかに快適なツールであるか。その一点に絞って話をしてきて欲しいの。当面は条件交渉など一切不要よ。売り込みすらしなくていいわ。ただ、こんなおもしろいツールが出るってことと、もし希望するならサンプルとして5セット提供することだけを伝えてきてちょうだい」

「おいおい、ちょっと待てって。そんなサンプル提供のこと、誰も聞いてへんで。お前なあ、勝手にそんなこと決めたら後でえらいことになるで」

予定外の話を聞いて、川越が口を挟んだ。きっと、中山部長が怒りの煙を上げる姿が脳裏に浮かんだのだろう。

「大丈夫だよ、ちゃんと社長から許可はとってあるから」

「社長やて！　いつの間に、そんな話をしとんねん」

「ちょうど菊池くんたちが来てくれる10分ぐらい前かな。ひと通り考えがまとまったから、社長にいろいろお願いをしていたの」

「モニター作戦というわけか？」

菊池が独り言のように呟いた。

「そう、今回はＡＭＴＵＬモデルでいくつもりよ」

「なんやねん、そのアムツルとかいうのは？」

「新製品を市場に出した時の消費者が、どう反応するか。少し前までのマーケティングの教科書では、ＡＩＤＭＡの法則で説明されたでしょう。これくらいなら川越ちゃんでも覚えているかな？」

「たしかAttentionで注意を引いて、Interestで関心を引き起こして、Desireで欲しがらせて、Memoryで覚えさせて、Actionで買わせる、やったな」

「お見事、正解ね」

「しょうもないテストしてる場合やないで。これとお前の言うアムツルとかいうのは、どう違うねん」

「Awareまず認知させ、Memory覚えてもらう、そして次が大切なんだけれど、Trial、試してもらうんだ。そしてUsage、本格的に使ってもらって、Loyaltyブランドロイヤリティを高める。ちなみにアムツールと呼ぶのが一般的よ」

「カギはトライアル、試してもらうことにあるというわけか」

「そう。ピクシーとワイヤレスヘッドフォンの組み合わせは、たとえばiPodとイヤフォンを使っていたユーザーにとっては、かなり新鮮な体験となるはずよね」

理子は、菊池のほうに向き直って頷いた。

「確かに。でも、ユーザーに試用してもらうことを狙うのなら、各クラブに5セットじゃ足りないんじゃないのか？」

「各クラブに来るお客さんを狙うのなら、菊池くんの言うとおりね。でも私が狙っているのは、その人たちじゃないの。本体の重さやイヤフォンのコードの煩わしさを、一番うざく思っているのは誰だと思う？」

「う〜ん、誰だろうな」

「川越ちゃんは想像つく？」

「そんなん知らんがな。どうでもええことにもったいつけてんと、さっさと言えや」

「現状に対して、一番厳しい目を持っているのはヘビーユーザー、これはマーケティングの鉄則じゃないの。使い込んでいる人ほど、ちょっとした不満や不具合に敏感になるよね」

「理子お得意の『不のあるところにチャンスあり』だな。となるとフィットネスクラブでいちばんのヘビーユーザーといえば、誰になるのかな？」

「私はインストラクターだと思うんだよね」

「なるほどな、たしかにそうかもしれない」

「だから、まず彼らに試してもらいたいんだ。ピクシーとワイヤレスヘッドフォンの組み合わせが、どれだけこれまでの『不』を解消しているか。ピクシーの良さを一番良くわかってくれるのは、彼らだと思うのよね」

「なるほどな……。そうか！　そういうわけだな」

「なんやねん、お前ら、二人だけの世界に入っとるやないか。わしがおること、忘れてんとちゃうか。何がわかったんか、ちゃんとわしにも説明せんかい」

話の流れについていけず、イライラしていた川越が声を荒げた。

「川越ちゃんは、フィットネスクラブに行ったことあるかな？」

「前にも言うたと思うけど、開発部は忙しいねん。そんなちゃらちゃらとフィットネスクラブとか行ってる暇なんかあるかいな」

「あのね、フィットネスクラブのインストラクターって、お客さんにとっては憧れの存在なの。特に熱心にクラブに通う人ほど、インストラクターのことを信じてるというか、なかには神さまみたいに思っている人もいるわけ」

「それがどないしてん」

「だからさ、それぐらい影響力が強いインストラクターが、ピクシーのことをほめてくれたら、どうなる？」

「そらまあ、ええもんやとは思ってくれるやろな。そやけど、そんなチマチマしたことやってて、ええんか」

「ここは賭けよ。ただモニター作戦というのは、そもそもコストパフォーマンスが高いことは、川越ちゃんもわかるでしょう？」

「そら、高い金かけて派手に広告を打つわけやないからな」

「それだけじゃないわ、コストは自社製品の製造原価しかかからないじゃない。こちらのコストは製造原価だけれども、モニターとして受け取った人が感じるのは、小売価格の価値だよね」

「ああ、そうか。わしらの感覚からすれば１０００円切ってるモノやけど、いざ店で買おうと思ったら、３５００円ほどはいるもんな。そやな、たしかに３５００円のモノをもろたら、そら悪い気はせんわ」

話の流れ、理子の考えを理解した菊池が、早く動きたくて仕方ないように言った。

「わかったぜ。すぐに部長に報告して、営業部で手分けして全国のフィットネスクラブを回るよう指示してもらおう」

「大沢くんはどうしてる？」

「相当落ち込んでるね。かなり責任感が強いほうだし、なんといってもまだ経験が浅いからなあ。今回の一件でかなりダメージを受けてるのは確かだな。僕の責任ですって、ずっとふさぎこんでるよ」

「それは、ちょっとまずいな。彼にも、しっかりやってもらわなきゃならないことがあるんだよね。今日は会社にいるかな？」

「たぶん」

「よし、じゃあもう一回、営業作戦会議のやり直しをしましょう。菊池くん、大沢くんに連絡をとって、いつもの会議室に来てもらうよう言ってくれない？」

「なんか、わしは完全に蚊帳の外やな。もう、ええんか」

「いや、川越ちゃんには話をきっちり聞いておいてもらいたいの」

「それ、また、わしに部長を言いくるめる役をやらそうっちゅう魂胆やろ」

「言いくるめるんじゃなくてさ。きちんと説明して欲しいのよ。当初の予定とはちょっと変わるけれど、間違いなくピクシーを売れるようにするからって」

「まあええわ、乗りかかった船や、最後までつきおうたるわ。ここまできたら、泥船やってわかっても、もう降りられへんいうことやな」

本丸はランナー。軽さと小ささを体験させろ

理子たちがいつものカラオケ会議室に到着すると、大沢はもう部屋に入っていた。さすがに思いつめた表情をしている。頭の回転がシャープなだけに、今回のフィットネスクラブ最大手との話が破談になった影響も、すぐに計算できたのだろう。どれだけの損害があるかをはじき出せば、いくら自分の過失ではないとはいえ、いたたまれない気持ちになることは容易に想像がつく。

いくら頭が切れるとはいえ、まだ新人と言っていいほどのキャリアしか積んでいないのだ。こういう修羅場を経験したことがない身にとっては、今回の一件が相当ショックだったことを伺わせた。

「大沢くん、もう来てたの。早いね」

「福島先輩、とんでもないご迷惑をかけてしまってすみません。僕のせいで会社を休まれていたとか」

「それは誤解だよ。休んでたんじゃなくて、考えてたの」

「考えるって、何をですか」

「そりゃ、次の一手に決まってるじゃない」

「そんなの、あるんですか」

「あるかどうかって考え方はしないのよね、私は。何とかして創り出そうとチャレンジするほうが楽しくない？　というか、ひねり出せるまで、考え続けられるかどうか、といってもいいかもしれないな」

「…………僕にはとても、そんな根性はありません」

「大沢、心配しなくていいんだ。理子は、何度もこういう経験を乗り越えてきているから。よくあること、と言ってしまうと問題だけど、仕事をしていればどんでん返しを食らうことはあるもんだよ。大切なのは、そこでどう巻き返せるか、だな」

「僕には、そこまでの力がありません」

「あほやな、おまえ。おまえ一人の力で何とかなる、なんて思っとるんかいな。というかな、これまでかて、会社の仲間がいてくれるから、お前がうまいことできたんやないか」

三者三様、各自のやり方で大沢を慰めることからミーティングはスタートした。

「まあ、それぐらいにしておこうよ。それより大沢くんには、さっそくやってもらいたいことがあるの」

「僕にできることですか？」

「君にしかできないことよ。超軽量ヘッドフォンの販路開拓をしてくれた君だからこそ、できることと言ったほうがいいかもしれない」

「なんですか、それ？」

少し前向きになった大沢が理子に尋ねた。

「今さ、スポーツショップの大手チェーンにはどれぐらい食い込めているかな？」

「最初は一軒一軒飛び込みで、個店レベルの担当者を口説き落としていました。そのコネクションを活かして、大手チェーンの本部バイヤーとはひと通り、会って話をできています」

「それはいいわね。実はピクシーのプロモーションとしてイベントを仕掛けていこうと思ってるの」

「イベントですか？」

「そう。大沢くんならAMTULの法則は知ってるよね？」

「トライアル（Trial）がカギになるマーケティング理論ですね」

「さすが大沢くん！　ピクシーの販促では、徹底したトライアル作戦を実施するつもりなの。そこでカギになるのが、ランナーたちとの接点なんだ」

「それがスポーツショップというわけですか」

「そう。スポーツショップは会員カードを発行してるよね？」

「ええ。全社、作っていますね」

「ということは、顧客情報もつかんでいるはずでしょう？」

「RFM分析は、どこでもやってるはずです」

「おいおい、ちょっと待てよ。2人だけで話してないでさ、外野の2人にもちゃんと説明しながら進めろよ。何だよ、そのアールエフエム分析ってのは？」

置いてきぼりにされそうになった菊池が尋ねた。川越も大きく頷いている。

「ごめん、ごめん。RFMはリーセンシー（Recency）、フリークエンシー（Frequency）、マネタリー（Monetary）の頭文字で、ものすごく簡単に言うと、良い顧客を見分けるための手法のひとつなわけ」

「それやったら、わしも聞いたことあるで。一番最近買いに来た客は誰か、一番頻繁に来てくれる客は誰か、どの客が一番カネを使ってくれるか。これを分析して、上客にはそれなりの対応をするとかいうやつやろ」

「へえ、川越が、意外なことを知ってるんだな」

からかうように言った菊池を無視するように、理子が大沢のほうに向き直った。

「ともかく、各チェーンが熱心なランナーを抽出することはできるのね？」

「おそらく」

「じゃ、きっと行けるわね」

「何をやるんですか？」

「ランナー向けのイベントよ。それをうちがスポンサードするの」
「あっ！　なるほど。それはいいや。というか、すごいや」
「ちょっと君たち！　頭の回転が速いことはよくわかったからさ、俺たちにもちゃんとわかるように説明してくれよ」

菊池が今度は真剣な表情で理子に言った。

「基本的な構造は、フィットネスクラブのインストラクターを落とす作戦と同じなのよ。要は熱心なランナーほど、何かイベントをやれば参加するじゃない。その人たちとの接点を持ちたいってこと」
「あぁ、なるほどね。そこでピクシーを体験してもらうってわけか」

今度は菊池も納得がいったようだ。

「そう。もちろんフィットネス業界も重要なターゲットだけれど、ピクシーの本丸ターゲットは、ランナーだと私は思ってるわ。ここまでは、前にも説明したよね」

「うん。覚えてるよ」

「ここにブルー・オーシャンを開くのよ」

「ちょっと待ってくれよ、そこに飛躍があるんだよな。大沢はわかるのか？」

「いえ、僕もちょっと……」


深く息を吸い込み、一息おいてから理子が、声のトーンを少し落として話し始めた。


「いい？　この前の作戦会議で潜在ランナー層の話をしたよね」

「2600万人とか言ってたあれだな」

「ここがブルー・オーシャンなのよ。彼らは、今のところ積極的に走ろうというレベルにまでは達していないわ。その理由はいろいろあると思うのね。たとえば時間がないとか、走る場所がないとか、しょっちゅう走るほどのモチベーションがないとか。要するにそれほど積極的に走りたいとまでは思っていない人たちだから、走らない理由なんていくつでも見つけることができるのよ。ところが、走ることが、これまでと違った楽しみを与えてくれたらどうなると思う？」

「ああ、理子が竹並部長に説明していたライフスタイル提案型の何とかかって話だな」

何とか話についていけていることを示すために、菊池が言った。

「あらあら、菊池くんが『何とか』なんて言ってちゃ困っちゃうわね。ともかく、プロモーションのカギは『ピクシーと走る』楽しさを広めていくことがポイントなの」

「理子、お前、いまなんて言うた」

ここまでじっと腕組みをして、だんまりを決め込んでいた川越が、口を開いた。

「ピクシーと走る、よ」

「それ、ええな。プロモーションとかよくわからんわしでも、ええと思うわ」

「それは光栄ね。とにかく『ピクシーと走る』ことは、これまでのランニング体験とは違うんだって。そのことを一人でも多くの人に知らせたいのよね」

「そのためにランナーの中でもオピニオンリーダークラスの人たちに、まず体験してもらうわけですね」

「そう。そしてブログに書いてもらったり、ツイートしてもらったり、フェイスブックに投稿してもらう……」

「だったら、フェイスブックのページを作る必要もあるんじゃないか」

ようやく菊池も、理子の構想が飲み込めたようだ。

「そしてイベント共催をプレスリリースすればいいんですね」

「その通りよ」

「これは、なんかすごいことになりそうですね。ワクワクしてきた」

大沢も最初のしょんぼりした様子は、どこかに完全に消え去ったようだ。

「あとは、もう一度、社長と話をしなきゃならないけれど、雑誌にタイアップ記事を打ちたいと思ってるの」

「そこまで、やるのか？」

「これぱかりは費用対効果と仕掛けをきっちりと考えてからだけどね。潜在ランナー層よりも、まずはいま熱心に走っている層を抑えたいの」

「わかりました。じゃあ、僕はすぐに企画書を作って、早速明日からスポーツチェーン回りを始めますよ」

「ということは、俺はまたフィットネス全国行脚に出ればいいわけだな」

「おいおい、ほんだら、わしは何をしたらええねん？」

「川越ちゃんは、頼りにしてるわよ。パーツメーカーさんときっちり交渉して、少しでも原価を下げるように頑張ってね」

「やっぱり、それか。わかったで、まかしとき！」

「おっ、珍しいなあ。川越ちゃんが、そんなふうに言ってくれるなんて」

「あんなあ、中山部長から、わしがどない言われてたか知ってるか。この間の社長との話の前には、面と向かって裏切り者って怒鳴られとったんやで、ほんまに。勘弁してほしいわ」

「そうだったの。それはちっとも知らなかったわ。ごめんなさいね」

「いいま、謝らんでええわい。その代わり、アムチル作戦とかピクシーと走るイベントとか、絶対に成功させせよ」

「もちろんよ」

「俺も、がんばってくるよ」

「僕も全力でやります」

「チャネル」&「プロモーション」が最後の仕上げ

環境分析

- 自社を取り巻く環境を精査
  （PEST分析、3C分析、5F分析、VC分析、SWOT分析）
- 自社にとっての「市場機会」を明確にする
- 機会をつかむための「市場課題」を浮き彫りにする

戦略の方向性が決まる！

戦略立案

- 市場を細分化する（Segmentation）
- ターゲットを明確に設定する（Targeting）
- 自社をどのようなポジションで訴求するかを決める（Positioning）

具体的な戦略が固まる！

施策立案

- Product（製品）
- Price（価格）
- Place（チャネル）
- Promotion（販促）

「4P」（何を、いくらで、どこで、どう売るか）が決まる！

マケ女《ジョ》・理子のマーケティング解説6

プロモーションには自社製品を使ったAMTUL

プロモーションは、マーケティングの一連の流れの中で、最後に考えるべきもの。それまでの流れ、特にSTPをしっかり理解した上で組み立てるのが本来のあり方です。

だから、いきなり「プロモーション考えて」なんて、とんでもない掟破りなわけ。

そのプロモーションも、インターネットの普及、特にここ数年のソーシャルネットワークサービス（SNS）の爆発的な広がりによって大きく変わってきました。

これまでプロモーションといえば『AIDMA（アイドマ）モデル』が定番でした。すなわちAttention（注目）→Interest（関心）→Desire（欲求）→Memory（記憶）→Action（購買）の流れを作ること。具体的にはマスメディアを使った広告で注目を集めて、製品なりサービスへの関心を引き起こし、買いたいと思わせる。テレビCMなどを繰り返すことで商品を記憶させ、店頭での購買に結びつけるのです。

そのためにはテレビ、新聞、雑誌などのマスメディアを使った大量の広告出稿が必要とされました。ところが今ではテレビCMの最後に

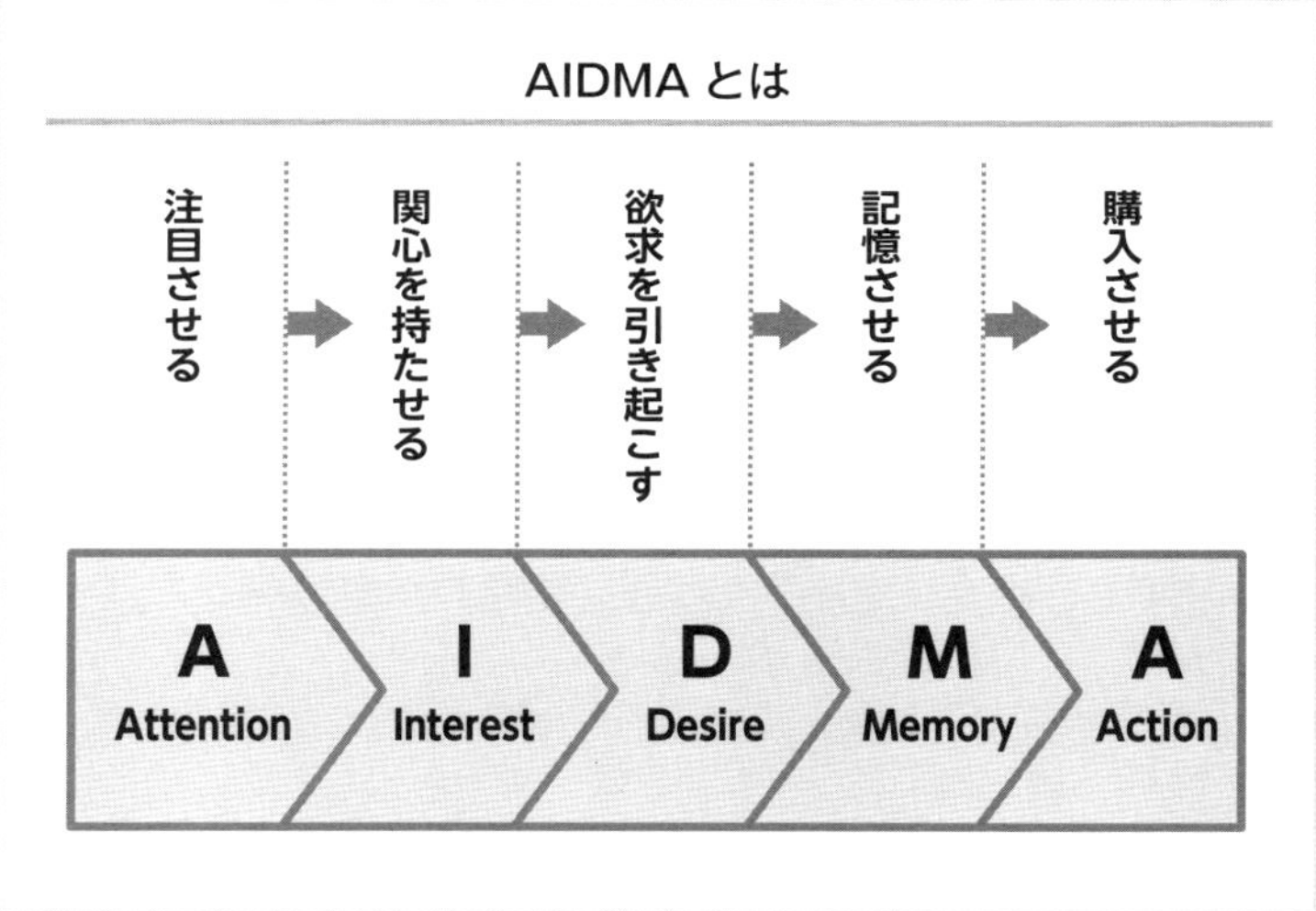

「詳しくはネットで」と表示されるのが当たり前。そんなこと言われなくとも、消費者は何かに関心を持てば、すぐに検索します。つまりインターネットの普及により、もはや『ＡＩＤＭＡモデル』は通用しなくなった。

さらに消費者の変化を加速したのがＳＮＳでしょう。全世界で10億人、日本でもアクティブユーザーが１５００万人を超えた（２０１２年９月）といわれるフェイスブックは、今や恐るべき口コミメディアと化しています。実名登録制で、友人・知人のコメントが常に表示されるフェイスブックで評判の良い商品やお店は、あっさり好感・共感を得ます。

一方では、マス広告で評判になった製品、サービスには厳しい目が向けられがち。へたに過剰広告などで期待値を上げてしまうと、実際の評価との落差が槍玉に挙げられかねません。

さらにインターネットは、消費者に強力な武器を与えました。その武器とは「検索&比較」です。特に価格については、その製品を「どこで」「一番安く」買えるかが瞬時にしてわかる。

こうした情報環境の変化を受けて、新たなプロモーションモデルとして提唱されたのが『AMTUL』です。これはAware（認知）、Memory（記憶）、Trial（試用）、Usage（日常利用）、Loyalty（ファン化）の流れを設計するもの。ポイントはTrialにあります。

口コミを含めて情報があふれかえっている現状で、お客さんに納得してもらうためのいちばんの手段は、実際に試してもらうことに尽きる。そこで登場したのが、家電製品のお試しサイト『おかりなレンタル』です。ここでは話題のお掃除ロボット「ルンバ」なら5日間で3500円、お米からパンを作るホームベーカリー「ゴパン」は5日間3900円で、それぞれ借りることができます。

サイトには、実際に借りてみた人の口コミが掲載されています。わざわざ口コミを書いた人は、たとえばフェイスブックやツイッターなどにも投稿している可能性が考えられます。

お試しといえば、その究極の姿がAmazon

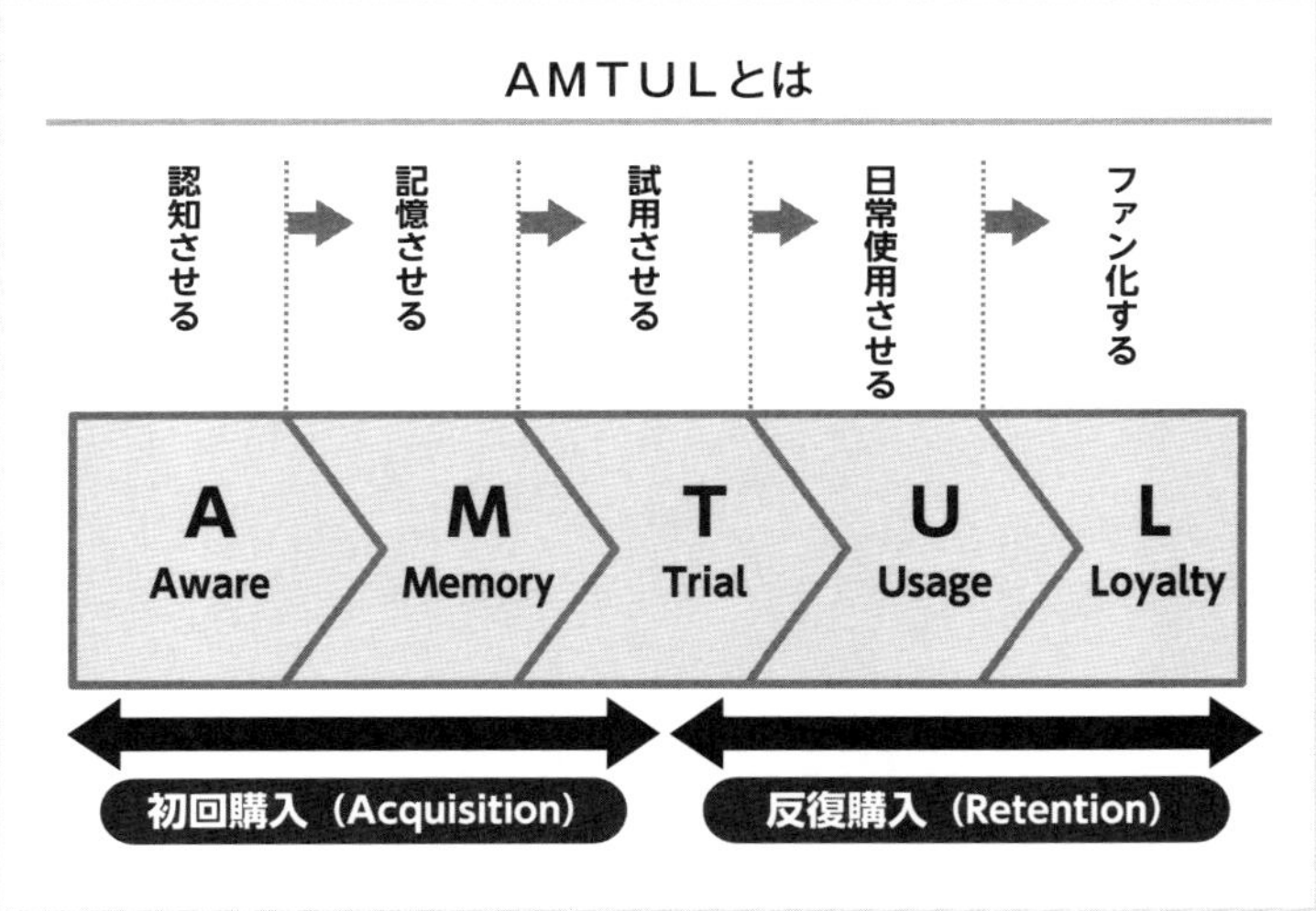

の姉妹サイト、シューズ類のネット通販を手がける『Javari』でしょう。このサイトには「商品にご満足いただけない場合、商品の到着から365日以内であれば、商品の返品を無料で承ります。また、その際の返送料もJavari.jpで負担いたします。以下のボタンから返品手続きを行えます」と記されている。Javariでは最長1年間のお試しを認めているのです。

いずれにしても自社製品をTrialに使うのは、コストパフォーマンスの高いやり方。製品価値に自信のある企業なら、ぜひとも活用すべき戦略モデルが『AMTUL』なのです。

AMTULの本筋、ロイヤル顧客育成を狙う
初心者の囲い込みまでを狙ったゼビオ『XSPOT』

AMTULモデルのポイントはTrial、いかに試用してもらうかにあります。ただし、真の狙いは最後のL（Loyal）、すなわち試用客のファン化です。試用して購入に至り、実際に使ってもらってファンにする。

試用は、そのためのフックです。これをランニングシューズに応用したのが、スポーツ用品販売のゼビオです。

ともかくランニングブームはいまだ継続中で、市民マラソンの代表格、東京マラソンの2012年度応募者は28万4000人となりました。ほかにも大阪、神戸、京都、名古屋など、今では市民マラソンを実施していない大都市を見つけるのが難しいほどのブームとなっています。

にわかランナー、初心者ランナーにとって、いちばんの不安はシューズでしょう。靴が合う合わないは、走りやすさに直結するのはもちろん、しっくりこないシューズでは、せっかくの走る意欲を失ってしまうおそれさえあります。

ところが、自分にピッタリのランニングシューズを見つけるのは、意外に難しい。オリンピッククラスのランナーともなれば、微妙に違う左右の足の長さや動きに応じて微調整したシューズを用意できるかどうかで、勝負が決まるのです。

もとより初心者ランナーが、そこまで神経質になる必要はないものの、初心者だからこそ気になることもあります。そこでスポーツショッ

XSPOT の店内と外観

プ・ゼビオは、横浜に新規オープンした『XSPOT（クロスポット）』で、店舗を使ったAMTULモデルを展開しています。

同店ではランニングシューズを筆頭に、ウォーキングシューズ、サッカーボール、バスケットボール、野球バット、テニスラケット、サッカースパイク等などのレンタルアイテムを揃えています。

レンタル時間は、最大3時間。新横浜公園内のさまざまなスポーツ施設の利用が前提となっています。ランニングシューズを試すといっても、初心者なら長くても30分程度であれば、十分にその感触はつかめるでしょう。

さらに『XSPOT』では、新横浜公園に隣接する好立地を生かして、スポーツ用品を積んだリヤカーを引いて行き、公園で遊ぶ人に声を

XSPOT の AMTUL

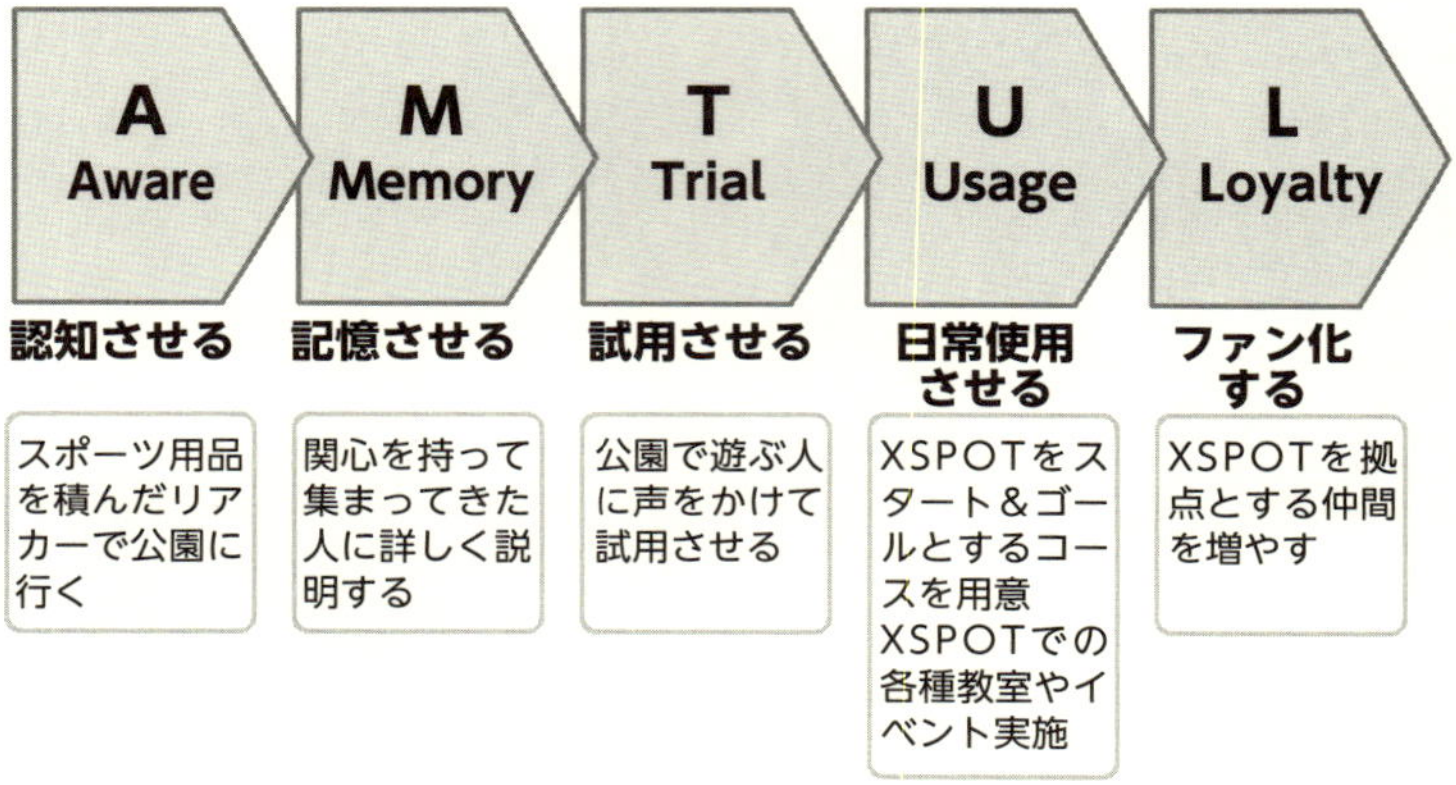

かけて試用を呼びかける試みも実施中。この「トライオン」では、商品説明をした後、好みの用具を30分程度利用できます。

『XSPOT』をスタート&ゴールとするコースを用意して、日常的に使ってもらう。各種教室、イベントを実施して『XSPOT』を拠点とする仲間を増やす。AMTULの本領となる最後のLoyalty、試用客をロイヤルカスタマーに育てて、囲い込む仕組みもしっかり埋め込まれています。

一人の新規顧客を獲得するコストと、獲得した顧客を維持するコストを比べれば、維持コストのほうが低いのは明らか。しかもロイヤルカスタマーからは、ネットを通じた口コミも期待できます。ここまで考えてトータルなプロモーションを設計しておくことが、AMTULモデルで成功をつかむカギなのです。

おわりに

マーケティングは全能の神なのか

マーケティング女子、略してマケ女・理子の奮闘記、いかがでしたでしょうか。楽しんでいただけたでしょうか。

今回の騒動、そのすべては、理子の机に置かれていた、一枚の業務指示書から始まりました。中山部長が中心となって進められたピクシーの開発は、マーケティングのセオリーをまったく無視したもの。ターゲット像さえ明確にしないまま、とにかく価格を競合製品と同じに抑えて、機能で差をつけることだけを目標に、開発が進められました。

これは、技術力に自信を持つメーカーほど陥りやすい罠です。技術陣は、ここぞとばかりに持てる技術をすべて詰め込もうとする。彼らにとって、心をこめて開発してきた技術は、たとえるなら我が子のような存在です。それが日の目を見ることは、子どもが無事生まれるのにも等しい喜びでしょう。その気持ちはよくわかります。そしてかつての日本のように、欧米の先行メーカーという追いつくべき目標がはっきりしている場合には、ライバルの技術を上回ることだけで勝者となることができました。

しかし、時代は明らかに変わったのです。

日本のメーカーは、目標とすべき相手がなくなった時点で、根本的な戦略を変えるべきだった。ある分野のトップに立てば、次はイノベーター（革新者）を目指さなければ、それ以上の成長はありません。イノベーターとなるためには、過去の成功体験を否定することがスタートとなるのです。

ところが、これは極めて難しい。なぜなら、過去の成功によってトップに上り詰めた経営陣にとって、過去を否定することはすなわち自己否定を求められることに他ならないからです。

世の中には、過去の成功を果敢に否定することで、さらなる成長を遂げている企業があります。そうした企業に共通するのが、マーケティングの仕組みを、社内の意思決定システムにきちんと組み込んでいることでしょう。

マーケティングとは、常に売れ続ける仕組みだと言われます。常に売れ続けるとは、どういうことでしょうか。答は、自社の製品やサービスを買ってくれるお客様が「いつも存在すること」を意味します。そのためのアクションを総称してマーケティングと言うのです。英語表記で「marketing」と「〜ing」と進行形になっていることからわかるように、マーケティングのプロセスとは、次のいくつかのアクションを、常に回し続けることです。

まず環境の変化、お客様の変化に常に適切に対応する。できれば「対応」ではなく、「三歩先を読んで一歩先ぐらいのアクション」を起こしたい。自分たちが勝てるマーケットを見つけ、自分たちの価値を理解して(=対価を支払って)くれるお客様を相手に、競合とは明らかに異なるポジションを取る。そのポジションから導き出される製品やサービスの価値が、対価を上回ると納得してもらえるように価格を設定し、価値を理解してくれるお客様に一番良く伝わるメディアでメッセージを発して、お客様がもっとも買いやすい流通経路に乗せる。

環境は常に変わります。環境が変われば、お客様のニーズも変わるでしょう。変化に対応する際の起点を、いつもお客様に固定しておくことで、その変化を先取りすることができるのです。その意味では、マーケティングを「お客様のために変わり続けること」と言ってもよいのかもしれません。

もちろん、いつもセオリー通りにことが運ぶとは限りません。むしろ、マーケティング部のない企業では、大田電子のようなケースがほとんどと言っていいはずです。とはいえ、本書の理子のように、マーケティングのプロセスを把握できている人間がいれば、軌道修正は可能なのです。

いつもお客様のことを思う熱いマーケティングマインドと、常にお客様や自社を取り巻く環境を冷静に解析するマーケティングブレーン。マーケティングに必要な心と頭を兼ね備えた人材が、これからの日本企業には何より求められます。本書を読まれた皆さんが、ぜひ、プロフェッショナルなマケ女（マーケティング女子）もしくはマケ男（マーケティング男子）となり、これからの日本を引っ張っていってくれることを祈ります。

※本書はフィクションです。

写真提供

花王株式会社

海部観光株式会社

金沢工業大学

カモ井加工紙株式会社

ゼビオ株式会社

著者略歴

金森努（かなもり つとむ）

有限会社金森マーケティング事務所代表。グロービス経営大学院客員准教授、青山学院大学経済学部非常勤講師。

コールセンター、コンサルティング事務所、広告会社を経て2005年独立。一貫してマーケティングにおける「顧客視点」の重要性を説き、企業へのマーケティング戦略・事業戦略に関するコンサルティングと人材育成・研修を展開。

著書に『図解 よくわかるこれからのマーケティング』（同文舘出版）、『“いま”をつかむマーケティング』（アニモ出版）、『ポーター×コトラー 仕事現場で使えるマーケティングの実践法が2.5時間でわかる本』（TAC出版）など。

ブログ：http://kmo.air-nifty.com/

E-mail：kanamori-kmo@nifty.com

竹林篤実（たけばやし あつみ）

コミュニケーション研究所代表。
印刷会社で営業、デザイン事務所でコピーライター、広告代理店でプランナーを務めた後、1994年独立。主にB to Bマーケティングのプランニングに携わる。有識者、著名人、大学教授など千人を越える取材で培ったノウハウを活かしたインタビュー式営業術を開発。著書に『インタビュー式営業術』（ソシム）、『ポーター×コトラー 仕事現場で使えるマーケティングの実践法が2.5時間でわかる本』（TAC出版）。
HP：http://www.com-lab.org/
ブログ：http://d.hatena.ne.jp/atutake/
E-mail：atu-take@sa2.so-net.ne.jp

「売れない」を「売れる」に変える マケ女《マーケティング女子》の発想法

平成25年2月13日　初版発行

著　者 ―― 金森努・竹林篤実
発行者 ―― 中島治久

発行所 ―― 同文舘出版株式会社

東京都千代田区神田神保町1-41　〒101-0051
電話　営業03（3294）1801　編集03（3294）1802
振替00100-8-42935　http://www.dobunkan.co.jp

ISBN978-4-495-52181-3
印刷／製本：萩原印刷
Printed in Japan 2013